Charles Sumner, August Glaeser

Das Lincoln-Monument

Eine Rede des Senator Charles Sumner; nebst einer Lebensskizze Sumner's und der in seiner Rede erwähnten Künstler; zugleich ein Beitrag zur Kunstgeschichte Amerika's

Charles Sumner, August Glaeser

Das Lincoln-Monument

Eine Rede des Senator Charles Sumner; nebst einer Lebensskizze Sumner's und der in seiner Rede erwähnten Künstler; zugleich ein Beitrag zur Kunstgeschichte Amerika's

ISBN/EAN: 9783743636804

Hergestellt in Europa, USA, Kanada, Australien, Japan

Cover: Foto ©ninafisch / pixelio.de

Weitere Bücher finden Sie auf **www.hansebooks.com**

DAS
LINCOLN - MONUMENT.

Eine Rede

des

SENATOR CHARLES SUMNER.

Nebst einer

Lebensskizze Sumner's und der in seiner Rede erwähnten Künstler.

Zugleich ein Beitrag zur Kunstgeschichte Amerika's.

Bearbeitet von

AUGUST GLAESER,

Sekretär des Generalconsulats der Vereinigten Staaten von Amerika zu Frankfurt a. M.

Frankfurt a. M.,
Joh. Chr. Hermann'sche Buchhandlung, M. Diesterweg.
1868.

C. Naumann's Druckerei, Frankfurt a. M.

DER FRAU GENERALCONSUL

ELLEN MURPHY

WIDMET

DIESEN SCHWACHEN VERSUCH AUF DEM GEBIETE DER KUNSTGESCHICHTE
AMERIKA'S

am 2. Juli 1868

IHR AUS INNIGER VEREHRUNG ERGEBENER

August Glaeser.

Am 26. Juli 1866 wurde von Herrn **Rice**, dem Vertreter des Staates Maine, auf Grund eines Berichts der Committee für die öffentlichen Gebäude, dem Repräsentantenhause zu Washington der folgende Gesetzesvorschlag zur Berathung und Beschlussfassung unterbreitet:

„Beschlossen vom Senate und Repräsentantenhause der Vereinigten Staaten von Amerika, im Kongress versammelt, dass der Minister des Innern autorisirt und angewiesen werde, mit Fräulein **Vinnie Ream** einen Contract für die Anfertigung eines **lebensgrossen Modells** und **einer Statue** des verstorbenen Präsidenten **Abraham Lincoln** abzuschliessen, für einen die Summe von 10,000 Dollars nicht übersteigenden Preis, zur Hälfte zahlbar bei Vollendung des Modells in Gyps, und zur Hälfte bei Vollendung der Statue in Marmor, die Fürgutbefindung und Annahme der Arbeit von Seiten des Ministers des Innern vorausgesetzt."

Dieser Vorschlag veranlasste natürlich eine weitläufige und ausführliche Debatte, namentlich als er dem Senate zur Berathung unterbreitet wurde.

Da diese Debatte in der That ein characteristisches Streiflicht auf die Kunstrichtung und den Kunstgeschmack der Amerikaner wirft und zugleich einen Blick in die, bis jetzt in Europa noch wenig bekannte Kunstgeschichte Amerika's eröffnet, so ist vielleicht die nachfolgende kurze Skizzirung derselben auch diesseits des Oceans von einigem Interesse.

Characteristisch vor Allem ist eines Theils, dass einer jungen Dame die Ehre zu Theil geworden ist, das Standbild des grössten Mannes und Freiheitsmärtyrers unserer Zeit anzufertigen, und anderen Theils, dass die Ausführung des Denkmals durch die Genannte, aus künstlerischen und pecuniären Rücksichten ihren entschiedensten Gegner in dem sonst so kunstliebenden, kunstsinnigen und beredten **Charles Sumner**, dem aus Boston, dem Athen der grossen Republik, stammenden Senator für den Staat Massachusetts, gefunden hat.

Als die Debatte vom Präsidenten des Senates eröffnet war und der Vorschlag zur Abstimmung gebracht werden sollte, ergriff Senator Sumner das Wort und begründete seine Opposition in folgender Rede:

„Vor einigen Abenden, Herr Präsident, machte ich den Versuch, die Bewilligung einer Summe von 10,000 Dollars als Gehaltserhöhung für einige verdiente Beamte unseres Staatsministeriums durchzusetzen. Bei der Auseinandersetzung dieser Angelegenheit war es meine Pflicht, auf die Lebensbedürfnisse der betreffenden Beamten hinzuweisen. Ich hob hervor, wie die in Vorschlag gebrachte Summe zur Bestreitung der nothwendigsten täglichen Lebensbedürfnisse erforderlich sei, die, wie Allen bekannt, sich in beständigem Steigen befinden, während der Werth des Geldes in demselben Verhältnisse im Abnehmen begriffen ist. Ich hob ferner hervor, dass die beantragte Gehaltsaufbesserung durch die von den betreffenden Beamten geleisteten Dienste wirklich verdient sei. Nach einer weitschweifigen, mehrere Sitzungen in Anspruch nehmenden Debatte beliebte es dem Senate, den Vorschlag niederzustimmen und die Bewilligung der Summe von 10,000 Dollars den Staatsdienern kurzweg zu verweigern, obgleich sie ihn doch, wie schon angedeutet, durch treue Arbeit verdient hätten. Bei dieser Ihrer Verweigerung wurden Sie von einem gewissen Sparsamkeitsgefühl geleitet; Sie legten Gewicht darauf, dass der Staatsschatz gegenwärtig so in Anspruch genommen sei, dass eine solche Bewilligung mit gutem Gewissen nicht gemacht werden könne; und dass sie, wenn sie gemacht würde, zu der Verpflichtung führen müsse, Aehnliches in anderen Fällen zu bewilligen, so dass am Ende die Aussäckelung des Staatsschatzes gar kein Ende nehmen würde. Sie Alle erinnern sich des Sparsamkeitsfiebers, das bei der Gelegenheit vorherrschte, und wozu dasselbe geführt hat: dazu dass der Vorschlag einfach niedergestimmt wurde!

Heute, Herr Präsident, wird von anderer Seite vorgeschlagen, denselben Betrag von 10,000 Dollars für die Production eines Kunstwerkes zu bewilligen. Lassen Sie mich die Sache zuerst einmal von ganz allgemeinem Standpunkte aus beleuchten. Wenn irgend eine Garantie da wäre, dass das in Frage stehende Werk eine so grosse Summe werth sein könne; — wenn ein Grund zu der Annahme vorläge, dass die Begünstigte, welcher die Wohlthat dieses Beschlusses zu Gute kommen soll, wirklich befähigt wäre, ein solches Werk auszuführen; — so würde ich doch grade jetzt und unter den obwaltenden Verhältnissen gegen die Bewilligung stimmen, und zwar auf Grund der Sparsamkeit, die mir in diesem Falle am Platze zu sein scheint. Ja, mein erster Einwurf gegen den Vorschlag begründet sich auf der Sparsamkeitsrücksicht. Herr Präsident, geben Sie nicht in einer so verschwenderischen, unüberlegten und sorglosen Weise eine so bedeutende Summe Geldes weg. Wenn Sie doch grade bei Laune sind, Gelder bis zu einem solchen Betrage zu verwilligen, so suchen Sie sich einige jener Staatsbeamten aus, welche ihre mühevollen Pflichten gegen sehr wenig entsprechende Belohnung treulichst erfüllt haben und erleichtern Sie so deren Lebenstage. Seien Sie gerecht, ehe Sie grossmüthig sind. Verfahren Sie lieber so, als dass Sie sich plötzlich zu Mäcenen der Kunst machen. Ich hoffe, dass ich diese Frage nicht zu ernst behandle; Sie behandelten den Vorschlag der Gehaltserhöhung der Beamten sehr ernst. Ich folge nur Ihrem Beispiele.

Aber, Herr Präsident, diese Frage hat noch eine andere Seite, auf welche ich mir erlauben muss, Ihre Aufmerksamkeit zu lenken, wenn ich es auch mit grossem Widerstreben thue. Ich möchte nicht gerne auch nur mit einem Worte irgend Jemanden und am allerwenigsten einer jugendlichen Künstlerin zu nahe treten, auf deren Geschlecht ich schon Rücksicht nehmen muss, wenn auch nicht ihret- so doch wenigstens meinetwegen. Wenn aber ein Vorschlag, wie der vorliegende, zur Entscheidung vorgebracht wird, so fühle ich mich verpflichtet, ihm offen und freimüthig entgegen zu treten.

Ein jeder Senator muss natürlich nach seiner eignen Ueberzeugung und den vorgebrachten Beweisgründen urtheilen. Jeder muss seinem Gewissen Rechenschaft über das „Ja" oder „Nein" seiner Abstimmung ablegen. Nun, Herr Präsident! Bei der geringen Kenntniss, die ich von solchen Dingen habe; — bei den wenigen Gelegenheiten, die mir den Genuss der Beobachtung von Kunstwerken gestattet haben; — und bei meiner nicht sehr ausgebreiteten Bekanntschaft mit Künstlern, fühle ich mich verpflichtet, mit vollster Ueberzeugung und nach reiflicher Ueberlegung es auszusprechen, dass diese Candidatin nicht befähigt ist, das Werk zu schaffen, dessen Ausführung Sie im Begriffe stehen, ihr zu übertragen. Sie könnten sie ebensogut dem militärischen Stabe des General Grant beigeben oder den

General Grant bei Seite schieben und sie zu Ross an seiner Stelle an die Spitze der Armee setzen. Sie kann es so wenig ausführen, wie sie sich contractlich verpflichten kann, ein episches Gedicht oder den Entwurf eines Bankerottgesetzes zu Stande zu bringen. Es thut mir leid, dies sagen zu müssen. Wenn Sie aber die Sache bis zur Abstimmung bringen, so bleibt mir keine andere Wahl übrig. Angenommen auch, dass die junge Dame eine Statue machen kann, so ist sie darum doch noch nicht im Stande ein Monument zu schaffen, das Sie mit gutem Gewissen in diesem Kapitol des Amerikanischen Volkes aufstellen können. Versprechen ist noch nicht Vollenden. Was die Dame aber bis jetzt geleistet hat, fällt viel mehr unter die erste, als unter die zweite Kategorie.

Wahrlich, dieses Gebäude, so wunderbar schön und interessant, sollte nicht für den rohen Kunstversuch eines unerprobten Talentes geöffnet werden. Nur der bewährte, der vollendete Meister sollte hier Einlass finden.

Herr Präsident! Ich bezweifle, dass der Character des Gebäudes, in welchem wir gegenwärtig versammelt sind, in gebührender Weise in Betracht genommen wird. Bevorzugt von einer unvergleichlichen Lage, ist es eins der vollendetsten Bauwerke der Welt. Umgeben von einem Amphitheater von Hügeln, — den Potomac zu seinen Füssen, — kann es Sie an das Kapitol zu Rom erinnern: mit den Albaner Bergen und den Sabinischen Hügeln in Sicht und der Tiber zu Füssen. Ja, noch prachtvoller ist seine Lage, als die des Römischen Kapitols. Und das Gebäude selbst ist seiner Lage nicht unwürdig. Es zeichnet sich durch Schönheit der Form und durch Erhabenheit der Proportionen aus, wenn ihm auch vielleicht die Originalität des Entwurfes abgeht. Es ist ein Kunstwerk ganz und gross und einzig in seiner Art. Daher sollte es zur Verschönerung nichts als Kunstwerke in sich aufnehmen dürfen. Von dieser Regel aber ist leider nur zu oft schon abgewichen worden. Wäre dem nicht so, so würde sicherlich die Anzahl der wenigen Gemälde und Marmorwerke um uns her grösser sein, die wir mit Vergnügen betrachten. Die schlechten Gemälde und die mittelmässigen Marmorarbeiten aber sollten uns allein schon zur Warnung dienen, ihre Zahl nicht noch zu vermehren.

Erlauben Sie mir, dass ich Ihre Aufmerksamkeit für einen Augenblick auf die wenigen Kunstwerke in diesem Kapitol hinlenke, die es verdienen, dass wir für ihre Erhaltung Sorge tragen.

In dem uns zunächst gelegenen Zimmer des Vice-Präsidenten finden wir ein ausgezeichnet vollendetes Porträt Washington's von Peale. Das Bild ist weit weniger bekannt, als das in Jedermann's Besitz befindliche Porträt von Stuart, aber dennoch verdient es wohl, in Ehren gehalten zu werden. Wann immer ich das Zimmer betrete, fühle ich die Gegenwart des Bildes. — Dann die Corridore durchschreitend, haben wir in der geräumigen Rotunda vier Gemälde von Trumbull vor uns, die, wahrhaft historisch in ihrem Character, grosse Scenen der Vergangenheit vor uns wieder zur lebendigen Anschauung bringen. Diese Gemälde werden durch ihren eignen innern Werth für immer Anspruch auf den Platz haben, den sie gegenwärtig einnehmen. Randolph freilich characterisirte einst mit einer fast an Ignoranz gränzenden Leichtfertigkeit dasjenige der Bilder, welches „die Unterzeichnung der Unabhängigkeits-Erklärung" darstellt, als ein „knöchernes Machwerk." Er hätte aber wissen sollen, dass vielleicht kein Bild, welches so viele Porträts enthält, einen solchen Tadel weniger verdient, als gerade dieses. Wenn diese Gemälde auch nicht zu den vollendetsten Schöpfungen der Kunst gehören, so werden sie doch stets das Interesse des patriotischen Bürgers erregen, so wie der Künstler ihnen gegenüber nicht kalt bleiben kann. — Noch ein anderes Gemälde in der Rotunda, „die Landung der Pilger" von Weir, ist ein verdienstreiches Kunstwerk, voll von Farbenpracht und religiösem Gefühl, — obgleich es mir selbst stets zu übertrieben erschienen ist, um natürlich zu sein. — Treten wir aus der Rotunda in die Halle des Repräsentantenhauses, so stehen wir vor einem Gemälde, welches als Kunstwerk vielleicht die kostbarste Perle des Kapitols ist. Es ist das Porträt Lafayette's, von jenem vollendeten Meister, der zu den Glanzsternen Frankreichs gehörte: Ary Schefer. Er sympathisirte mit unseren Institutionen und machte das Porträt des frühsten Freundes unserer Republik dem Volke der Vereinigten Staaten zum Geschenk. Wenige, die es an der Seite des Stuhles des Präsidenten des Repräsentantenhauses gewahren, wissen, dass es das Werk des so seltenen, wunderbaren Talentes ist, das den „Christus Consolator" und „Francesca da Rimini" geschaffen hat.

Wenden wir uns von der Malerei zur Sculptur, so werden wir noch mehr Ursache finden, vorsichtig zu sein. Betrachten wir uns z. B. das Werk des Italieners Persico auf den Stufen des Capitols, von ihm freilich Columbus, von Andern aber „der Kegelschieber" genannt, weil die Stellung der Figur mit der Kugel in der Hand unwillkührlich an das beliebte Spiel erinnert. Dicht daneben ist eine bemerkenswerthe Gruppe von Greenough, den „ersten Ansiedler im Kampfe mit dem Wilden" darstellend, während sich gegenüber im Hofe die Statue Washington's von demselben Künstler befindet, die man darum nicht sehr zu schätzen scheint, weil sie nackt ist, trotzdem, dass sie von einer grossen Meisterschaft in der Kunst zeugt. Da sehen wir ebenfalls die Werke Crawford's: das Altorelief in dem Giebelfelde über der grossen Thüre der Senatshalle, und die Statue der Freiheit, welche vom Gipfel des Domes herabschaut und ein Talent offenbart, das stets Bewunderung einflössen muss. Auch noch andere Bildwerke eines lebenden Künstlers zieren das Gebäude. Dort die bronzenen Thüren von Rogers, an denen er so lange und fleissig arbeitete. Sie gehören zu den seltensten Kunstwerken ihrer Art und können, meinem Urtheile nach, mit den berühmten Thüren in Florenz wetteifern, von denen Michel Angelo sagte, dass sie werth wären, die Thore des Paradieses zu sein. Unser Künstler hat das ganze Leben des Columbus in Bronze gemalt, während die Porträts von zeitgenössischen Fürsten und von Schriftstellern, welche das Leben des grossen Entdeckers verherrlicht haben, diesem Kunstwerke gewissermassen die Krone der Vollendung aufsetzen.

Jetzt nun, Herr Präsident, sollen die Räume dieses Kapitols wiederum für die Aufnahme eines Kunstwerkes geöffnet werden: für ein Monument unseres zum Märtyrer gewordenen Präsidenten. Er verdient ein Monument. Und es sollte hier in Washington stehen! Aber Sie können doch nicht — selbst für ihn nicht — mehr als ein Monument hier in Washington errichten wollen! Eine Wiederholung oder Verdoppelung würde nicht am Platze, würde zu viel sein. Wir haben eine Statue von Washington, wir haben ebenfalls eine von Jefferson. Ich meine die Bronze-Statue vor dem Regierungsgebäude, von dem französischen Bildhauer David ausgeführt. Auch von Jackson haben wir eine Statue. Nun wird der Vorschlag gemacht, die Zahl dieser Kunstwerke durch eine Statue von Lincoln zu vermehren; vorausgesetzt natürlich, dass nur eine, und nicht zwei oder drei in Aussicht genommen sind. Wer aber soll das Werk ausführen, das in diesem Kapitol des Volkes einen Platz finden soll? Ich sage: der, dem die Ausführung des Werkes anvertraut wird, muss ein Genie, ein vollendeter Meister, reich an Kenntniss der Kunst, von unzweifelhafter Befähigung, — er muss durchdrungen und sympathetisch inspirirt sein von dem Geiste der grossen Sache, für die unser Märtyrer gelebt hat und gestorben ist. Und Sie wollen dieser jugendlichen Candidatin, der die Reife des Genies, der die volle Kenntniss der Kunst, der die unbestrittene Befähigung, ja, der die volle Inspiration des Lebens und des Charakters des grossen Gefeierten abgeht, die Ausführung des bedeutungsvollen Auftrags anvertrauen?! Noch nie in ihrem Leben hat sie eine Statue angefertigt. Soll sie an dem historischen Todten experimentiren und ihr Versuchsresultat unter diesem Dome aufstellen? Ich für mein Theil bin damit nicht einverstanden. Wenn ein Monument des allgeliebten Präsidenten hier errichtet werden soll, — hier, wo wir es täglich vor Augen haben, um Muth und Trost daraus zu schöpfen, so möchte ich, dass es ein Kunstwerk in Wahrheit und Wirklichkeit würde, mit den von der lebendigen Seele durchhauchten lebendigen Zügen, ein Kunstwerk, in dem wir den, durch sein Leben unsterblich gewordenen und dann durch die Kunst doppelt unsterblich gemachten Menschen begrüssen können. Ein jedes Werk, das diesen Anforderungen nicht entspricht, — sollte es durch Ihre Nachsicht auch nur eine temporäre Stätte hier finden, — wird wieder bei Seite geschafft werden, sobald ein besserer Geschmack seine gerechteren Ansprüche wird geltend machen können.

Desshalb, Herr Präsident, um der Sparsamkeit willen, damit Sie nicht unbedachtsam das Vermögen des Volkes verschleudern; — um dieses Kapitols willen, das schon an sich ein Kunstwerk ist, damit es nicht für eine vermeintliche Verschönerung etwas Kunstloses in sich aufnehme; um unseres zum Märtyrer gewordenen Präsidenten willen, dessen Bildniss das Werk eines vollendeten Meisters sein sollte; und im Interesse der Kunst fürs ganze Land, damit wir nicht ein böses Beispiel statuiren; — fordere ich von Ihnen, dass der uns zur Abstimmung vorliegende Vorschlag verworfen werde. Wollte ich für die Kunst im Allgemeinen sprechen, so eröffnete sich mir dazu gewiss eine verlockende Gelegenheit; ich stehe aber ab davon. Es genügt mir zu erklären, dass die Kunst im ganzen Lande darunter leiden muss, wenn der Kongress mit seiner Gönnerschaft ein Werk beehrt, das nicht im wahren Sinne des Wortes ein Kunstwerk ist. Durch eine solche Gönnerschaft werden Sie entmuthigen statt zu ermuthigen.

Ich mache diese Bemerkungen in der That mit grossem Widerwillen. Es thut mir leid, dass ich sie machen muss; aber einer so verschwenderischen Bewilligung, wie der vorliegenden, die so lebhaft ins Werk gesetzt und mit so geheim vorbereiteter Uebereinstimmung betrieben und unterstützt wird, muss ich offen und direct entgegentreten. Verdammen Sie nicht die Freimüthigkeit, zu der Sie mich selbst gezwungen haben. Wollen Sie wohlthätig sein oder ein Geschenk machen, so thun Sie es offen und gerade heraus, ohne den Vorwand, die Kunst befördern oder einem verstorbenen Präsidenten eine Ehre erweisen zu wollen. Beschliessen Sie, dieser jugendlichen Candidatin 10,000 Dollars zu bewilligen, darüber werden wir uns verständigen können. Den Gründen der Wohlthätigkeit kann ich Gehör schenken und Sie versichern, dass ich mich denselben gegenüber nicht gefühllos zeigen werde. Wenn Sie aber den Vorschlag machen, jene bedeutende Summe für ein Kunstwerk zu bewilligen, das in diesem National-Kapitol zum Gedächtniss unseres berühmten Todten errichtet werden soll, so fühle ich mich verpflichtet, den Werth des Künstlers in Betracht zu ziehen, den Sie für die Ausführung des Werkes in Aussicht nehmen. Ich wollte es wäre nicht so; aber ich kann nicht anders."

Gegen die vorstehenden Bemerkungen des Senator Sumner ergriffen darauf Nesmith von Oregon, M<u>c</u> Dougal und Conness von Californien, Yates und Trumbull von Illinois, Wade von Ohio und Cowen von Pennsylvanien das Wort. Im Verlauf der so entstandenen Debatte schlug Edmunds von Vermont ein Amendement vor, dahin lautend, dass, „ehe die erste Abschlagszahlung von 5000 Dollars geleistet werde, das Modell von dem Minister des Innern für gut befunden sein müsse." Ueber diesen Vorschlag ergriff wieder Sumner das Wort wie folgt:

„Nach meiner Ansicht wäre es das Beste, dies Amendement anzunehmen. Es ist eine ganz vernünftige Vorsichtsmassregel in einem Falle, wie dem vorliegenden. Der Senator von Wisconsin spielte auf einen Contract mit Herrn Stone an. Das ist ein bekannter Bildhauer, dessen Werke wir ebenfalls in dieser Kongresshalle erblicken. Das Committee, das ihn engagirte, muss seinen Künstlerwerth und Character vollkommen gekannt haben. Als die Herren auf einen Contract mit ihm eingingen, lag ihnen nicht die Aussicht eines zweifelhaften Erfolgs vor; sie wussten, wesshalb sie einen Contract abschliessen wollten. In dem vorliegenden Falle aber ist Alles dem Zufall überlassen, ja, fast mit Gewissheit auf ein Misslingen zu rechnen."

Auf die von Conness gestellte Frage, wie es sich mit Powell verhalten habe, erwiderte Sumner folgendermassen:

„Ich spreche von dem gegenwärtigen Falle; einen zur

Zeit, wenn ich bitten darf. Die Dame, mit der Sie einen Contrakt abzuschliessen im Begriffe stehen, hat bekanntermassen noch nie eine Statue ausgeführt. Wer nur den oberflächlichsten Begriff von Kunst hat, weiss, dass es zweierlei ist, eine Büste und eine Statue anzufertigen. Wer eine Büste machen kann, ist darum noch nicht im Stande, eine Statue auszuführen; gerade so, wie Jemand wohl ein Gedicht für eine Winkelzeitung schreiben kann, aber darum doch noch nicht ein Epos zu schaffen im Stande ist. Eine Statue gehört zu den vollendetsten Formen der Kunst. Nur sehr wenige Künstler haben es verstanden, eine Statue auszuführen. Ich weiss mich bis jetzt nur Eines Falles zu erinnern, dass ein solches Werk einem Frauenzimmer gelungen ist. Und die talentvolle und frühreife Dame, auf die ich anspiele, hatte schon in frühester Jugend ganz aussergewöhnliche Anlagen entwickelt; — sie hatte sich der seltensten Gelegenheiten der Ausbildung erfreut und ihren Anspruch auf den Namen einer Künstlerin schon zur Geltung gebracht, als sie sich an die schwierige Arbeit wagte. — Aus den Unterhaltungen, die ich oft und gerne mit Bildhauern gepflogen habe, erinnere ich mich, wie sie stets die Schwierigkeit einer solchen Arbeit hervorhoben. Es ist keine kleine Aufgabe, einen Mann auf seine Beine zu stellen, mit der passenden Draperie und ihren Beiwerken, in Stein oder Bronze. Nicht sehr Viele haben das gekonnt und die Wenigen nur, nachdem sie sich vorher Erfahrung in der Kunst erworben hatten. Im gegenwärtigen Falle aber liegt eine solche Erfahrung nicht vor. Unserer Candidatin geht dieselbe erwiesenermassen gänzlich ab. Es berechtigt nichts zu der Annahme, dass ihr das Werk gelingen könne. Desshalb erscheint der Vorschlag des Senators von Vermont (Edmunds) vollkommen gerechtfertigt, dass man sich vor der Auszahlung der ersten Abschlagssumme von 5000 Dollars erst vergewissere, ob das Werk nicht total misslungen sei. Voltaire pflegte, nach einem freilich wohl etwas plumpen italienischen Sprüchwort, zu sagen, dass „ein Weib keine Tragödie produciren könne." Angesichts dessen, was Fräulein Hosmer, die von mir angedeutete Dame, geleistet hat, wage ich nun freilich nicht zu behaupten, dass ein Weib keine Statue produciren könne: aber doch halte ich es für gerathen, in dem vorliegenden Falle mit der äussersten Vorsicht zu Werke zu gehen. Was für dies Capitol bestimmt ist, muss „über aller Verdächtigung erhaben sein."

Herr Präsident! Als ich mich erhob, beabsichtigte ich, mich in meinen Bemerkungen nur direkt auf den Vorschlag des Senators von Vermont zu beziehen; da ich nun aber einmal das Wort habe, so wird es mir wohl vergönnt sein, für einen Augenblick abzuschweifen." — —

Senator Howe: „Will der Senator mir erlauben, eine Frage um Auskunft an ihn zu richten?"

Sumner: „Gewiss."

Senator Howe: „Meine Frage geht dahin, ob Sie glauben, sich durch Prüfung eines Gypsmodells vergewissern zu können, dass das Werk, in Marmor ausgeführt, zufriedenstellend ausfallen werde?"

Sumner: „Natürlich besteht die Hauptarbeit des Künstlers in der Ausführung des Modells. Nach der Vollendung desselben ist die Arbeit mehr als halb gethan. Das Uebrige erfordert eher mechanische Kunstfertigkeit als Genie. In Italien, wo es sehr geschickte Marmorarbeiter gibt, überlässt der Künstler diesen sein Modell, indem er selbst nur noch mit ein Paar Meiselschlägen die letzte Hand an das Werk legt. Mitunter berührt er den Marmor gar nicht mehr.

Als ich unterbrochen wurde, stand ich im Begriff zu sagen,

dass es mir vergönnt sein möge, für einen Augenblick zu einer Erwiderung auf die Ausfälle abzuschweifen, die bei der Besprechung dieser Angelegenheit gegen meine Bemerkungen vorgebracht sind. Ich verstehe und weiss in der That nicht, warum Senatoren aus reiner Persönlichkeit so ihrer Leidenschaft den Zügel haben schiessen lassen. Ich habe mich weder kritisirend, noch in irgend einer anderen rügenden Weise über einen der Senatoren geäussert. Ich habe mich direct an die Frage gehalten, bemüht, den Gegenstand mit aller der, mit einer schicklichen Freimüthigkeit verträglichen Rücksicht zu behandeln. Die Senatoren haben mich, einer nach dem andern, persönlich angegriffen. Der Senator von Oregon (Nesmith) schien bei dieser Arbeit geradezu aufsässig zu werden. Der Senator von Californien (Conness), von dem ich in der That etwas Besseres erwartet hätte, verfiel ganz in den Geist des andern Senators vom Stillen Meer. Herr Präsident, ich habe Nichts vorgebracht, das zu solchen Angriffen hätte berechtigen können. Ich will mich aber nicht auf die Erwiderungen einlassen, zu denen die Reden mich gewissermassen herausgefordert haben. Ich wende mich davon ab, um nur auf eine Bemerkung des Senators von Oregon zu antworten. Er beklagte es, dass ich die heimathliche Kunst nicht unterstützen wolle, und dass ich die Werke Fremder zur Verkleinerung unserer heimathlichen Künstler hervorgehoben habe.

Diese sonderbare Entstellung meiner Bemerkungen weiss ich mir in der That nicht zu erklären. Möge doch dem Senator belieben, einen Satz oder ein Wort anzuführen, womit ich unsere heimathliche Kunst angegriffen habe. Er kann das nicht. Ich kenne die Kunst meines Vaterlandes zu gut und verehre sie mit nur zu viel patriotischem Stolze. Nur von einem fremden Künstler habe ich gesprochen, — von jenem für unsere Institutionen begeisterten talentvollen Franzosen, welcher das Capitol mit dem Portrait Lafayette's geziert hat. Alle anderen Künstler, deren ich rühmend erwähnte, gehören meinem eigenen Vaterlande an. Ich sprach von Peale aus Philadelphia, dem wir das Portrait Washington's verdanken; ich sprach von Trumbull, dem Gefährten Washingtons und seinem Generalstabe attachirt, welcher dem Kriegshandwerke den Rücken kehrte, um sich der Malerei zu widmen, inspirirt von den Werken West's, auch eines Amerikaners, und der dann jene Bilder schuf, die ich als die werthvollste Zierde der Rotunda pries; ich sprach auch von Greenough, dem ältesten Amerikanischen Bildhauer und, bis Story den Meisel in die Hand nahm, anerkanntermassen der vollendetste Meister auf der Liste der Amerikanischen Bildhauer. Er war ein Gelehrter, wohl vertraut sowohl mit den älteren, wie mit den neueren Sprachen, der die Kunst, die er ausübte, in der Literatur jeder Zunge studirte. Von ihm werde ich stets nur mit rühmender Anerkennung sprechen. — Ich sprach auch von Crawford, einem Amerikanischen Bildhauer, in New-York geboren; er war mein intimer persönlicher Freund, dessen frühe Triumphe ich mit grosser Genugthuung miterlebte. Er war ein Genie im wahren Sinne des Wortes; vielseitig, schöpferisch, kühn. Sein kurzes Leben war mit allen Ehren seiner Kunst gekrönt, und in der Heimath sowohl, wie überall in der Welt war er als grosser Meister anerkannt. Wie könnte ich von diesem Freunde meiner Jugendzeit anders als in Bewunderung und Liebe sprechen! Ich sprach auch von Rogers, einem Amerikanischen Künstler aus dem Westen; ja, Herr Präsident, aus dem Westen" — —

Senator Howard: „der sich in Michigan ausbildete."

Sumner: „Und der sich, wie der Senator sagt, in Michigan ausbildete. Er hat für sein Vaterland und die Kunst jene bronzenen Thüren geschaffen, welche ich keinen Anstand genommen habe, mit Ghiberti's ewig berühmt bleibender Thüre des Baptisteriums San-Giovanni in Florenz zu vergleichen. Das, Herr Präsident, waren die Künstler, von denen ich sprach, und der Geist, in dem ich von ihnen sprach. Wie kann nun einer der Senatoren zu behaupten wagen, ich hätte fremde Künstler auf Kosten der Künstler meines eigenen Vaterlandes gepriesen! Die Behauptung, erlauben Sie mir es offen auszusprechen, ist vollständig aus der Luft gegriffen. Darum, weil ich nicht wollte, dass die Kunst meines eigenen Vaterlandes leiden sollte; und weil ich wollte, dass ihre Würdigung ihren Verdiensten gleich sein sollte, darum habe ich mich der von Ihnen beabsichtigten Freigebigkeit widersetzt. Wenn Sie wirklich den Wunsch hegen, unserem zum Märtyrer gewordenen Präsidenten ein Standbild zu errichten, so wählen Sie für die Ausführung des Werkes einen von den erprobten Kunstmeistern unseres Vaterlandes. Wenden Sie sich nicht an einen Fremden; aber wenden Sie sich auch nicht an Unbekannte. Es gibt Bildhauer, die, in unserem Heimathslande geboren, schon Namen und Ruf errungen haben. Wählen Sie einen von ihnen. Wählen Sie Powers, einen Künstler von seltenster Begabung in der Handhabung des Meisels, von vorzüglicher Meisterschaft, vielleicht nicht so mannigfaltig und frisch, wie einige andere; vielleicht weniger originell, aber voll von aussergewöhnlichen Eigenthümlichkeiten und gewiss ein bedeutender Künstler. Fordern Sie ihn auf, das Werk auszuführen. Er ist einer der Erprobten. Wenn Sie mit ihm einen Vertrag abschliessen, so können Sie sich im Voraus überzeugt halten, dass er ein Denkmal schaffen wird, welches weder des von Ihnen ausgesetzten Preises, noch des Platzes, für den es bestimmt ist, unwürdig sein wird.

Wir haben aber auch noch einen anderen vaterländischen Bildhauer, den ich, wenn ich aufgefordert würde, frei und offen und unpartheiisch zu wählen, zuerst vorschlagen würde; ich meine Story, den Sohn des grossen Rechtsgelehrten, der in's Leben eintrat unter der Aegide des Gelehrtenrufes seines Vaters. Nicht nur werden seine rechtswissenschaftlichen Werke täglich in unseren Gerichtshöfen citirt, — nein, er ist auch Journalist; seine schriftstellerischen Arbeiten, prosaische und poetische, haben Sie in Ihren Bibliotheken. Diese hervorragenden Eigenschaften hat er aber auch noch durch den unbestrittenen Ruf eines Meisters der Kunst erhöht. Auf den grossen Kunstausstellungen Europa's sind seine „Cleopatra" und sein „Saul" nicht nur den besten Kunstproductionen unserer Zeit an die Seite gestellt, sondern von Manchen sogar für besser als die besten erklärt. Er bringt der Kunst nicht nur die Weihe eines Meisters, sondern auch Gelehrsamkeit, Wissenschaft und reiches Talent zu. Fordern Sie ihn zum Werke auf! Verewigen Sie seinen Namen in diesem Capitol durch ein Monument, welches, — davon bin ich überzeugt, — eine Quelle vaterländischen Stolzes und nationaler Ehre sein wird.

Ich kann auch noch andere heimathliche Künstler nennen. Mein Freund hier neben mir, der allverehrte Senator von New-York (Morgan), erinnert mich in wohlverdienter Weise an den Bildhauer, der seinem eigenen Staate schon so viele Ehre gebracht hat, an Palmer. Palmer ist mit einem schönen reichen Talente begabt, das er seit vielen Jahren mit fleissiger Sorgfalt gepflegt hat. Er hat Erfahrung. Das Siegel des Erfolges ist seinen Werken aufgedrückt. Lassen Sie ihn Ihre Statue anfertigen. — Auch noch eines anderen Künstlers aus New-York will ich gedenken, indem ich Sie an Brown erinnere, an den Schöpfer der Reiterstatue Washington's in New-York.

Von allen Reiterstatuen im ganzen Lande ist dies die beste, wenn man ihr nicht Crawford's Statue zu Richmond an die Seite stellen will; ja, man darf sie vielleicht mit den besten Reiterstatuen der alten Welt vergleichen. Das Talent, welches unseren grossen Helden so leicht in jenen bronzenen Sattel heben konnte, sollte auch in diesem Capitol bewillkommnet werden können. Obgleich ich noch manche andere Künstler namhaft machen könnte, beschränke ich meine Aufzählungen auf diejenigen, welche etwas mehr gethan haben, als das Versprechen zu geben, etwas Ausgezeichnetes liefern zu wollen. Sie aber wenden sich von all diesen vaterländischen Talenten, die schon so viel geschaffen und sich Namen und Ruf erworben haben, ab, um eine schwierige und ehrenvolle Aufgabe einer unerfahrenen Persönlichkeit zu übertragen, deren Freunde für sie nichts weiter geltend machen können, als das zweifelhafte Versprechen einer solchen Ausbildung in der Bildhauerkunst, wie man von ihr nach der Beschaffenheit ihres Geschlechtes erwarten kann.

Mehr, Herr Präsident, will ich nicht sagen."

In Bezug auf die vorstehende Rede Sumner's sind gewiss die zwei Thatsachen interessant und bemerkenswerth, — erstens dass, wie auch schon Anfangs angedeutet, trotz der gewichtigen Opposition Sumner's, die Anfertigung des Lincoln-Monumentes dennoch dem Fräulein Vinnie Ream für die Summe von 10,000 Dollars übertragen, bis jetzt aber freilich von ihr noch nicht vollendet ist; und zweitens, dass ganz entgegen der Ansicht Sumner's, die Stadt Washington dürfe nur ein Monument der Art besitzen, bereits am letzten 15ten Februar, dem 3ten Jahrestage der Ermordung des Präsidenten Lincoln, die Errichtung eines andern Lincoln-Monumentes vor dem Stadthause in Washington stattgefunden hat. Dieses Monument, so wird aus Washington berichtet, besteht aus einer toskanischen Säule von 34 Fuss Höhe, auf welcher sich die Statue Lincoln's befindet. Alles ist von weissem Marmor und ein Werk des Herrn Flannery aus Washington. Die Mittel dazu, nämlich 7000 Dollars, wurden durch Privatbeiträge der Bürger von Washington aufgebracht. — Trotz Sturm und Regen hatten sich Tausende von Zuschauern zu der Feier der Enthüllung eingefunden. Verschiedene Logen des Freimaurer-Ordens und andere Organisationen waren erschienen. Auf der Tribüne befanden sich Andrew Johnson, der Präsident der Vereinigten Staaten, die Generale Hancock und Emory und andere Armee- und Marine-Officiere, viele Regierungsbeamte, Congressmitglieder, sowie die Repräsentanten der fremden Mächte, insbesondere die Gesandten von England, Preussen, Italien, Griechenland, der Dänische Geschäftsträger, der General-Consul der schweizerischen Eidgenossenschaft u. s. w. General Grant und General-Major Howard waren in der Nähe, aber nicht auf der Tribüne.

Während der Ceremonie wechselten Sturm, Regen und Sonnenschein beständig ab. Nachdem das Gebet gesprochen und der Trauermarsch gespielt war, hielt Major B. B. French eine Rede über das Leben und die Verdienste Abraham Lincoln's; Oberst Ormstead trug ein Gedicht vor; der Präsident der Vereinigten Staaten wurde an die Front der Plattform geleitet; dort zog er an den Strängen und enthüllte mit einem Zug die Statue. Ein Jubelruf der Menge nach dem andern erhob sich und das Musikcorps spielte das „Star spangled Banner", während das Banner selbst auf der Tribüne geschwungen wurde. Nachdem der Künstler vorgestellt und das Schlussgebet gesprochen worden war, hatte die Ceremonie ein Ende.

Ueber den Künstler, Lot Flannery, und sein Kunstwerk können wir leider nichts weiter berichten, als dass er das Modell bereits im verflossenen Sommer zuerst in Thon und dann in Gyps ausführte und dasselbe vielfach von bewährten Kunstkennern als eine höchst geistvoll ausgeführte Arbeit und namentlich als ein ausgezeichnetes Porträt gelobt wird.

Das ist Alles, was bis jetzt über das Lincoln-Monument bekannt geworden ist, wenn nicht noch die Notiz von Interesse sein möchte, dass die Vollendung des dem Fräulein Vinnie Ream übertragenen Monuments durch einen unvorhergesehenen höchst seltsamen Zwischenfall, wenn auch nicht ganz und gar gefährdet, so doch jedenfalls einen bedeutenden Aufschub erlitten hat. Es war der jungen Dame nämlich von der Amerikanischen Regierung eins der schönsten Zimmer im Kapitol zu Washington als Atelier eingeräumt, um darin ihr Modell anfertigen zu können. Dieses Vorrecht ist ihr aber jetzt wieder streitig gemacht, da das Zimmer für Zwecke des Polizeidepartements, dessen bisherige Räumlichkeiten sich als nicht mehr ausreichend erwiesen, verwendet werden soll. Miss Vinnie Ream hat freilich sofort dem

Congress eine protestirende Petition unterbreitet, worin sie nachweist, dass ihr, wenn sie gezwungen werde, ihr gegenwärtiges Atelier mit dem Modell zu verlassen, die Arbeit eines ganzen Jahres verloren gehe. Ihr Protest ist aber erfolglos geblieben, da mit grosser Stimmenmehrheit des Repräsentantenhauses beschlossen wurde, ihn auf den Tisch zu legen. Das fast Komische bei der Sache aber ist, dass die in Frage stehende Räumlichkeit vorläufig dazu verwendet wurde, den aus dem Präsidenten-Anklageprocess her berüchtigten Woolley, der wegen des Versuchs der Bestechung von Senatoren vom Repräsentantenhause in Anklagestand versetzt ward, und sich so beharrlich weigerte, die verlangten Aussagen zu machen, als Gefangenen zu beherbergen. Der „Anti-Republikaner" Woolley also unter Arrest in Gesellschaft der Statue des grossen Republikaners Abraham Lincoln!

Um nun der vorliegenden Arbeit einen etwas bedeutenderen Werth zu verleihen, hat der Verfasser es gewagt, — da, so viel ihm bekannt ist, bis jetzt keine Zusammenstellung des Lebens und Wirkens Amerikanischer Künstler in deutscher Sprache existirt, — im Nachfolgenden die Thätigkeit wenigstens derjenigen Künstler kurz und in alphabetischer Reihenfolge zu schildern, welche in der Sumner'schen Rede erwähnt sind und das Ganze mit einer Lebensskizze Sumner's selbst abzuschliessen. Letzteres erscheint hoffentlich um so gerechtfertigter, als Charles Sumner es nicht allein schon als Vorsitzender und Leiter des Senatscommittee's für „Auswärtige Angelegenheiten", sondern auch als ein Hauptmäcen und gründlicher Kenner der Kunst verdient, dem Deutschen Patrioten in seiner vollen, segensreichen Bedeutung bekannt zu werden.

* * *

Lebensabrisse der in der Sumner'schen Rede erwähnten Künstler.

Henry Kirke Brown, der Bildhauer, wurde im Jahre 1814 zu Leyden im Staate Massachusetts geboren. Seinen ersten künstlerischen Versuch machte er als 12jähriger Knabe mit dem Porträt eines alten Mannes. Er hätte schwerlich seinen Neigungen folgen können, wenn ihn nicht seine Mutter zur Ausdauer ermuthigt hätte. Im 18ten Jahre ging er nach Boston, um die Porträtmalerei zu studiren. Nachdem er aber zum Vergnügen den Kopf einer Dame modellirt hatte, wandte er sich der Bildhauerei zu. Um sich die Mittel zu einer Reise nach Italien zu verschaffen, wurde er Eisenbahn-Ingenieur in Illinois, setzte jedoch dabei seine Gesundheit zu, ohne Geld zu verdienen. Durch den Verkauf seiner Arbeiten und die Unterstützung von Freunden wurde er endlich in den Stand gesetzt, sich mehrere Jahre lang den Kunststudien in Italien zu widmen. Durchdrungen aber von der Ueberzeugung, dass die Quelle der künstlerischen Ausbildung aus der Entwickelung der Lebensverhältnisse entspringe, kehrte er nach Amerika zurück, um unter Denen zu leben, auf die seine Kunst einflussreich einwirken sollte. Er liess sich in Brooklyn bei New-York nieder und legte sich auf die Bronzegiesserei. Ihm gebührt das Verdienst, die erste Bronze-Statue in seinem Vaterlande gegossen zu haben. Er hat aber auch mehrere rühmlichst bekannt gewordene Arbeiten in Marmor ausgeführt, u. A. die „Hoffnung", die „Plejaden" und „die Vier Jahreszeiten." Von seinen Bronzearbeiten sind die bekanntesten eine Statue von de Witt Clinton und die in der Sumner'schen Rede erwähnte colossale Reiterstatue Washington's, die als eine der grössten Zierden im weltberühmten Union Square in New-York aufgestellt ist.

Thomas Crawford, der Amerikanische Bildhauer, wurde am 22. März 1814 in New-York geboren und starb am 10. Oktober 1857 in London. Schon in frühester Kindheit entwickelte er eine ausserordentliche Liebe für die Kunst; und von der Zeit an, dass er den Bleistift mit einiger Sicherheit handhaben konnte, bis zu seinem 14ten Lebensjahre verbrachte er seine Musestunden entweder mit Zeichnen und Skizziren oder mit der Durchstöberung und Ausbeutung von Kunsthandlungen und Gemäldeauctionen. Sein Vater schickte ihn in eine Zeichnenschule und erlaubte ihm, nachdem er sich überzeugt hatte, dass er keine Neigung zu einer kaufmännischen oder amtlichen Carriere habe, bei einem Holzschnitzer in die Lehre zu gehen. Hier entwickelte sich sein Talent sehr rasch, so dass er bereits im 19ten Jahre in das Atelier der Bildhauer Frazee und Launitz in New-York eintrat. Zu gleicher Zeit nahm er an dem Unterricht und den Uebungen der nationalen Zeichnen-Akademie Theil. Da sein künstlerischer Ehrgeiz aber nach Höherem strebte, so folgte er nach Verlauf von 2 Jahren, während welcher Zeit er einige gelungene monumentale Arbeiten, u. A. eine Büste des Oberrichters Marshall ausgeführt hatte, dem Rathe seines Freundes Launitz und machte sich auf den Weg nach Italien. Im Sommer 1835 kam er in Rom an, freilich mit einem ziemlich geleerten Geldbeutel, aber, — was für ihn als einen enthusiasmirten Jünger der Kunst von grösserem Werth war als Geld und Geldeswerth, — mit einem Empfehlungsbriefe an Thorwaldsen, den ihm Launitz mitgegeben hatte. Der grosse Dänische Bildhauer empfing ihn auf's Freundlichste und lud ihn ein, in seinem Atelier zu arbeiten, worauf Crawford natürlich sofort einging. Während mehrerer Jahre arbeitete er mit einem Eifer, welcher seine Freunde mit Bewunderung und Besorgniss zugleich erfüllte. Er erlaubte sich nicht die geringste

Erholung und schien vollkommen gleichgültig gegen seine Gesundheit oder körperlichen Bedürfnisse, indem er sich ganz und gar dem Studium seiner Kunst ergab. Diese Aufopferung verfehlte nicht, Aufmerksamkeit zu erregen und dem noch so jungen Bildhauer Aufträge für Porträtbüsten und Kopieen von antiken Marmorwerken zuzuführen. Obgleich die Summen, die er dafür erhielt, kaum für seinen Lebensunterhalt und den Ankauf des erforderlichen Materials ausreichten, so war er doch froh, für Geld arbeiten zu können, — einmal, weil seine Verhältnisse es nicht anders gestatteten und dann vor Allem, weil er fühlte, dass er nur durch unablässige Arbeit zur Vollendung in seiner Kunst gelangen könne. Einen Beweis seiner künstlerischen Begeisterung und physischen Ausdauer liefert allein schon die Thatsache, dass er im Jahre 1837 im Verlaufe von zehn Wochen 17 Büsten modellirte, die in Marmor ausgeführt werden sollten, und ausserdem die im Vatikan befindliche Statue des Demosthenes copirte. Nach der Vollendung einiger anderer originaler Werke entwarf er im Jahre 1839 seinen „Orpheus", das Meisterwerk, welches ihn zuerst in Amerika bekannt machte. ihm die warme Empfehlung von Gibson und Thorwaldsen einerntete, und von Letzterem sogar für die „klassischste Statue in den Römischen Ateliers" erklärt sein soll. Sumner, der dieselbe im Herbst des genannten Jahres in Rom sah, war so von der vollendeten Schönheit der Arbeit begeistert, dass er nach seiner Rückkehr nach Boston auf dem Wege der Subscription den erforderlichen Betrag zusammenbrachte, um Crawford beauftragen zu können, eine Copie in Marmor auszuführen. Die Ausstellung der letzteren in Amerika nebst anderen Werken Crawford's eröffnete eine Aera in dem Leben des Künstlers oder vielmehr den eigentlichen Anfang seines späteren Ruhmes. Die Statue befindet sich gegenwärtig im Athenäum zu Boston.

Crawford war nun in den Stand gesetzt, sich mehr der idealen Composition zu widmen. Die zahlreichen Skizzen aus der Mythologie und Kirchengeschichte, die er von da ab anfertigte, zeugen von seiner zunehmenden Sicherheit und Meisterschaft in der Ausführung. In diese Periode seiner künstlerischen Thätigkeit fallen die von ihm ausgeführten rein klassischen Sujets und seine biblischen Basreliefs, so ausgezeichnet durch ihre geistvolle Auffassung und Behandlung. Sein Fleiss wuchs mit der günstigen Wendung seiner pecuniären Verhältnisse. Er eröffnete eine Reihe grossartiger Ateliers auf der Piazza Barberini, welche bald wegen der Menge stets dort ausgestellter Originalwerke ein Lieblingsaufenthalt der Fremden wurden. Im Jahre 1844 besuchte er Amerika und verheirathete sich mit Fräulein Louisa Ward, einer Tochter des verstorbenen Samuel Ward aus New-York. Im Laufe des nächsten Sommers modellirte er für die Harvard-Akademie eine Büste von Josiah Quincy dem Aelteren und kehrte dann, mit zahlreichen Aufträgen für neue Arbeiten versehen, nach Europa zurück. Im Jahre 1849 besuchte er die Vereinigten Staaten zum zweiten Male. Zufällig las er in einer Richmonder Zeitung eine Ausschreibung von Seiten des Staates Virginien zur Errichtung eines Denkmals zu Ehren George Washington's. Sofort machte er sich an's Werk und führte in wenigen Tagen ein Modell aus, das einstimmig für das beste erklärt und angenommen wurde. Vom Jahre 1850 an, als er nach Rom zurückkehrte, bis zu der Zeit, als er untauglich zur Arbeit wurde, war er hauptsächlich mit der Ausführung jener Reihe von grossen historischen und allegorischen Werken beschäftigt, welche so glänzendes Zeugniss von seiner künstlerischen Begabung ablegen. Eins der bemerkenswerthesten darunter ist jedenfalls die Bronzestatue von Beethoven, welche er im Auftrage des Herrn Charles Perkins für die Musikhalle in Boston ausführte. Die Vollendung dieses Meisterwerks in der königlichen Giesserei in München wurde durch ein musikalisches Fest gefeiert, an welchem ausser einer ungeheuren Menschenmasse auch die königliche Familie Theil nahm. Mit einer nicht geringeren Feierlichkeit wurde es in Boston aufgestellt. Der Künstler selbst aber lehnte jede Belohnung für seine persönliche Leistung an dem Werke ab. Die kolossale Reiterstatue Washington's, von einer Höhe von 25 Fuss, die später unter der persönlichen Beaufsichtigung des Künstlers in München gegossen wurde, langte zu Anfang des Jahres 1858 in Virginien an. Die Bevölkerung von Richmond gab ihrem Enthusiasmus dadurch Ausdruck, dass sie die Statue auf den Capitol-Hügel zog, wo sie noch gegenwärtig steht. Das Piedestal ruht auf einer sternförmigen Erhöhung mit sechs Ausläufern, auf denen die Statuen von Patrick Henry, Jefferson, Lee und anderen berühmten Staatsmännern Virginiens angebracht werden sollen. Keine der letzteren waren bei dem Tode des Künstlers fertig, werden aber nach seinen Entwürfen ausgeführt. Die Bewunderung, mit welcher diese Werke in Europa begrüsst wurden, war die Veranlassung zu der Aufnahme Crawford's als Mitglied der königlichen und kaiserlichen Akademieen zu München und St. Petersburg und der St. Markus-Akademie zu Venedig. Mittlerweile hatte Crawford den wichtigen Auftrag vom Congress erhalten, das neue Capitol in Washington mit Marmor- und Bronze-Statuen zu versehen. Zu den bedeutendsten darunter gehören unstreitig seine Entwürfe für den Thürgiebel und die bronzenen Thüren des Capitols. Auf dem ersteren ist namentlich die Figur der Freiheit, zu beiden Seiten von allegorischen Darstellungen der Künste, des Handels, der Civilisation u. s. w. gestützt, als vorzüglich ausgeführt hervorzuheben. Die letzteren enthalten sinnbildliche Darstellungen des Gesetzes und der Gerechtigkeit. Sein grossartigstes Werk ist übrigstens die kolossale Statue : „Der Genius Amerika's", welche für die Zinne des Capitoldaches bestimmt ist. Es ist eine majestätische und würdevolle, bis zu den Füssen drapirte weibliche Figur mit einem Ausdrucke von selbstbewusster Kraft und Seelengrösse. Diese Arbeit, an die der Künstler selbst die letzte vollendende Hand gelegt hat, muss noch in Bronze gegossen werden. Einen Beweis der Vielseitigkeit Crawford's liefert der Umstand, dass er, während er mit diesen Arbeiten beschäftigt war, zu gleicher Zeit sowohl seine rührende Gruppe der „Verbrecher am Pranger" und „Hebe und Ganymed", wie verschiedene Porträt-Büsten, darunter vor allen nennenswerth die für die Kapelle des Friedhofs von M^t. Auburn bei Boston bestimmte von James Otis, ausführte. Im Jahre 1856 besuchte er Amerika noch einmal und kehrte mit Hinterlassung seiner Familie allein nach Rom zurück. Bald nach seiner Rückkehr bekam er ein krebsartiges Hirngeschwür, das ihn nöthigte, auf die weitere Ausübung der Kunst zu verzichten. Es gelang noch, ihn einer besseren ärztlichen Behandlung wegen nach Paris und London zu bringen; doch starb er im October 1857 nach einem äusserst schmerzhaften Krankenlager. Die Thätigkeit Crawford's findet in der Geschichte weder der alten noch der modernen Bildhauer kaum ihres Gleichen. Während seiner künstlerischen Laufbahn vollendete er mehr als 60 Werke, einige darunter von colossalem Umfang, sowie ungefähr 50 Skizzen in Gyps und Entwürfe der verschiedensten Art, von denen die meisten von seinen Schülern vollendet sind. Seine vorzüglichsten mythologischen Sujets sind „der Genius der Freude", die „Muse", der „Herbst", „Cupido", „Flora", „Jo"; die „Peri", „Apollo", „Homer", „Diana", „Vesta", „Sappho", der „Bogenschütze", „Paris wie er der Venus den Apfel reicht", „Mercur und Psyche", „Jupiter und Psyche", die „gefundene Psyche"; die „Nymphe und der Satyr", eine Reihe von 4 Basreliefs; der „Knabe und die Ziege", u. s. w. — Seine biblischen Compositionen umfassen „Adam und Eva", „David und Goliath", „David vor Saul"; die „Hirten und die Weisen vor Christus", eine Gruppe von 24 Figuren; „Christus und die Schriftgelehrten", 12 Figuren; „Christus aus dem Grabe steigend", „Christus die Tochter des Jairus vom Tode erweckend," die „Tochter der Herodias", die „Ruhe in Egypten", die „versuchte Eva", „Eva bei Cain und Abel", „Führe uns in's ewige Leben", „Christus als alleinstehende Figur", „Christus die Kleinen segnend" und „Christus an der Quelle von Samaria." Unter seinen übrigen Werken sind noch die Gruppe der „Tänzer", 2 lebensgrosse Kinderstatuen, die grosses Aufsehen erregt haben; die Statuen von Channing, Washington Allston und Henry Clay und die Büsten von Commodore Hull, Charles Sumner, dem englischen Dichter Kenyon, und von Crawford's eigener Frau, letzteres ein Meisterstück in der Vollendung, bemerkenswerth.

Pierre Jean David [*]), der französische Bildhauer, von seiner Geburtsstadt Angers gewöhnlich David d'Angers genannt, Sohn eines Ornamentenschnitzers, kam 1808 nach Paris und arbeitete daselbst als Lehrling bei J. L. David und Rolland. 1811 erwarb er sich den ersten Preis der Bildhauerei, der ihm zu Vollendung seiner Studien in Rom verhalf. Eine kolossale Marmorstatue des grossen Condé (im Schlosshofe von Versailles), die er nach seiner Rückkehr aus Italien in Paris ausführte,

---

[*]) Einer der zwei in der Sumner'schen Rede erwähnten französischen Künstler. Theilweise der sehr zu empfehlenden elften Ausgabe von „Brockhaus Conversations-Lexicon" entnommen.

begründete seinen Ruf. 1826 wurde er zum Mitgliede des Instituts ernannt. Zwei Jahre später unternahm er seine erste Reise nach Deutschland, wo er das Modell zu Goethe's kolossaler Büste verfertigte, die von ihm in Marmor ausgeführt und der grossherzoglichen Bibliothek in Weimar geschenkt wurde. Auf einer zweiten Reise nach Deutschland 1834 modellirte er die Büsten von Dannecker, Schelling, Tieck und Rauch. Die Juliregierung übertrug ihm die Sculptur in dem Giebelfelde des Pantheons, ein Hautrelief von gewaltigem Umfange und des Künstlers bedeutendste Arbeit, die er 1837 vollendete. 1848 von den Wählern des Maine-Loire-Departements zur Constituirenden Nationalversammlung abgeordnet, nahm er als Republikaner von altem Datum seinen Platz unter den Repräsentanten der radikalen Demokratie. Seine politische Rolle beschränkte sich indess nur auf Abstimmen. Nach dem Staatsstreich vom 2. December aus Frankreich verbannt, besuchte er Griechenland, kam aber bald wieder zurück und starb in Paris am 5. Januar 1856. Seine Werke bestehen aus 46 grossen Statuen, 25 kleineren, mehr als 50 Basreliefs, einigen 30 kolossalen Büsten und über 500 Porträtmedaillons. Als seine Hauptwerke sind zu erwähnen: die Grabmonumente des General Foy und des Marschalls Gouvion Saint-Cyr (auf dem Kirchhofe des Père-Lachaise); die Bronzestatuen von Corneille (in Rouen), Guttenberg in Strassburg, Cuvier (in Mömpelgard), Jean Bart (in Dünkirchen); die Büsten von Lafayette, Beranger u. s. w., alle in Marmor und über Lebensgrösse. David war ein handfertiger, werkrüstiger Meister, und seine Hauptstärke bestand im leichten Erfinden und Ausführen umfangreicher Bildhauerarbeiten. In Werken kleineren Massstabs fehlte es jedoch seiner Zeichnung und Modellirung an Feinheit und Schärfe. — Obgleich Republikaner im freiesten Sinne des Wortes, zeigte sich doch die allgemeine Hochachtung, mit der er in Frankreich verehrt wurde, noch recht deutlich bei seiner am 8. Januar 1856 auf dem Père-Lachaise in Paris stattgehabten Begräbnissfeier, an der trotz polizeilicher Vorkehrungen Tausende von Männern aller Partheien Theil nahmen, darunter der Dichter-Veteran Beranger und General Cavaignac als Leichentuchträger. — Von seinen für Amerika ausgeführten Werken verdienen, ausser der in der Sumner'schen Rede erwähnten Bronzestatue von Jefferson, noch seine Büsten von Washington, Lafayette, Thomas Jefferson und Fenimore Cooper, die beiden ersten in Washington und die beiden letzten in New-York aufgestellt, hervorgehoben zu werden.

Horatio Greenough wurde am 6. September 1805 in Boston geboren und starb am 8. December 1852 in Sommerville bei Boston. Als er im 16. Lebensjahre in Harvard-College eintrat, hatte er bereits in Thon modellirt und sich in der Bildhauerei versucht. Sein erster Lehrer war ein in Boston ansässiger französischer Bildhauer, Namens Binon. Während seiner Gymnasialcarriere erfreute er sich der Freundschaft und des Rathes von Washington Allston und entwarf die Zeichnung, nach welcher das gegenwärtige Bunker-Hill-Monument ausgeführt worden ist. Noch ehe er seine Gymnasialstudien vollendet hatte, schiffte er sich nach Marseille ein und ging von da nach Rom, wo er im Herbst 1825 ankam. Er hatte Briefe an Thorwaldsen und zog viel Nutzen aus den Unterhaltungen mit demselben, obgleich er, wie er selbst bemerkt hat, das Meiste in der Mechanik der Kunst von jungen Mitkünstlern gelernt hat. Im Jahre 1826 kehrte er nach Boston zurück, und ging dann wieder, nachdem er die Büsten von John Quincy Adams, Oberrichter Marshall und Anderen modellirt hatte, nach Italien, um sich in Florenz niederzulassen.

Seinen ersten Auftrag erhielt er von James Fenimore Cooper, für den er die „Singenden Cherubim" ausführte, theilweise nach einem von Raphael's Gemälden, worüber er selbst sagt: „Fenimore Cooper schützte mich nach meiner zweiten Rückkehr nach Italien vor Verzweiflung. Er beschäftigte mich, als ich beschäftigt zu sein wünschte, und ist mir seit der Zeit ein Vater an Herzensgüte geblieben." Dieses Werk war die erste Originalgruppe von dem Meisel eines Amerikanischen Bildhauers. Im Jahre 1831 ging er nach Paris, um die Büste Lafayette's zu modelliren. Nachdem er von dort nach Florenz zurückgekehrt war, erhielt er eine Menge von Aufträgen von Seiten seiner Landsleute, vorzugsweise für Büsten, wozu der früher so gelungen ausgeführte Auftrag Fenimore Cooper's nicht wenig beitrug. Demselben treuen Freunde verdankte er den Auftrag des Congresses, jene kolossale Statue Washington's auszuführen, die nach einer unermüdlichen mehrjährigen Arbeit im Jahre 1843 vollendet, jetzt vor dem Capitol zu Washington steht. Während dieser Zeit vollendete er auch, ausser anderen Originalwerken, die „Medora" für Hrn. Gilmore in Baltimore; den „Engel Abdiel" und die in der Gallerie des Bostoner Athenaeums aufgestellte „Venus Victrix". Alsdann arbeitete er mehrere Jahre lang an einem andern ihm vom Congress ertheilten Auftrage, an seiner Gruppe der „Befreiung", in welcher die Civilisation symbolisirt ist. Um die Aufstellung derselben in Washington selbst zu leiten und zu beaufsichtigen, reiste er im Jahre 1851 nach den Vereinigten Staaten zurück. Die Ankunft des Meisterwerks selbst aber wurde durch manche unangenehme Zwischenfälle verzögert. Dies sowohl wie die, durch seine lange Abwesenheit von Amerika verursachte Entwöhnung von den Aufregungen des Amerikanischen Lebens und der Wechsel des Amerikanischen Klima's, zogen Greenough eine Gehirnentzündung zu, die eine Reihe von Vorlesungen über die Kunst, die er in Boston begonnen hatte, unterbrach, und ihm selbst nach einer kurzen, aber schweren Krankheit den Tod zuzog. Ein „Gedenkblatt an Horatio Greenough", das im Jahre 1853 erschien, enthält eine Sammlung seiner hinterlassenen Schriften über Kunst- und andere Gegenstände und zugleich einen Abriss seines Lebens von H. T. Tuckermann.

Harriet Hosmer, die in der Sumner'schen Rede in so bevorzugter Weise erwähnte Bildhauerin wurde im Jahre 1831 zu Watertown im Staate Massachusetts geboren. Da sie von sehr schwächlicher Körperconstitution war, schlug ihr ihr Vater, der Arzt war, vor, sich einer, freilich von den Gewohnheiten ihres Geschlechts stark abweichenden, gymnastischen Heilkur zu unterziehen. Mit fast enthusiastischer Freude ging sie sofort auf diesen Vorschlag ein. So kam es, dass sie bereits in einem verhältnissmässig frühen Lebensalter im Schiessen, Schwimmen, Rudern, Reiten, Schlittschuhlaufen und anderen freien Körperübungen und Vergnügungen sehr geübt war und zu gleicher Zeit anfing, Figuren aus Thon zu modelliren. Nachdem sie ihren Schulcursus durchgemacht hatte, studirte sie ein paar Monate lang Anatomie bei ihrem Vater, und trat dann im Herbst 1850 in die medicinische Academie zu St. Louis ein, wo sie einen regelmässigen anatomischen Lehrcursus, als Vorstudium für die Ausübung der Bildhauerei durchmachte. Im Sommer 1851 kehrte sie nach Hause zurück und begann ihr erstes Originalwerk, eine Büste des „Hesperus", welche nach ihrer Vollendung in Marmor die allgemeine Aufmerksamkeit in Boston erregte und ihren Vater ermuthigte, sie einem bewährten Meister in Rom zur weiteren Ausbildung anzuvertrauen. Als sie gegen Ende des Jahres 1852 in Rom ankam, gelang es ihr sofort, in das Atelier des Bildhauers Gibson aufgenommen zu werden, bei dem sie ihren ersten Winter mit Modelliren nach der Antike verbrachte. Ihre Büsten der „Daphne" und „Medusa" waren die ersten Früchte ihrer Versuche in Originalentwürfen in Rom, denen sie mit einer Statue der „Oenone" für einen Herrn in St. Louis folgte. Für die öffentliche Bibliothek der letztgenannten Stadt modellirte sie eine reizende Statue des „Puck", die solchen Anklang fand, dass sie mehrere Aufträge für Copieen, u. A. von dem Prinzen von Wales und dem Herzog von Hamilton erhielt. Da ihr Vater einige nicht unbedeutende pecuniäre Verluste erlitten hatte, so entschloss sie sich, sich der Kunst ganz für ihren Lebenserwerb zu widmen. Seitdem hat sie sich denn auch permanent unter den Bildhauern von Fach in Rom niedergelassen und daselbst fast ununterbrochen gewohnt, die kurze Zeit ausgenommen, als sie im Jahre 1857 eine Reise nach den Vereinigten Staaten und später nach der Schweiz zur Wiederherstellung ihrer Gesundheit machte. Zu ihren bedeutendsten Werken gehören die lebensgrosse ruhende Figur eines jungen Mädchens, als Grabmonument in der Kirche Sant' Andrea della Fratte in Rom aufgestellt; eine Fontaine mit den die Mythe des „Hylas und der Wassernymphen" illustrirenden Figuren, und einen „Will-o'-the-Whisp" (Irrwisch) als Pendant zu „Puck." In der zweiten Hälfte des Jahres 1859 vollendete sie eine Statue der „Cenobia in Ketten, wie sie in dem Triumphzuge Aurelian's erschien", ein Werk, woran sie zwei Jahre lang so emsig und enthusiastisch gearbeitet hatte, dass die endliche Ausführung desselben in Marmor ihre Gesundheit so angriff, dass die Aerzte ihr, um ihr Leben zu retten, anriethen, die vorerwähnte Reise in die Schweiz zu machen. Die Statue, von kolossalem Umfange, wird allgemein für ihre beste Arbeit gehalten.

Gerade in der gegenwärtigen Zeit ist ihr Name wieder durch eine andere gelungene Arbeit vor die Oeffentlichkeit getreten. Am 27. Mai dieses Jahres (1868) nämlich wurde eine von ihr ausgeführte Statue Thomas Benton's, der 30 Jahre lang den Staat Missouri im Senate zu Washington vertreten hat und dessen Lieblingsproject der Bau der Pacific-Eisenbahn war, unter entsprechenden Feierlichkeiten von der Tochter Benton's, der Gemahlin des General Fremont, — die von Benton's zahlreichen Freunden speciell zu der Vollziehung dieser Ceremonie eingeladen war, — in St. Louis enthüllt. In Bezug auf dies Werk wird aus St. Louis berichtet: „Die Statue ist ein Werk der berühmten Miss Hosmer und wird namentlich wegen seiner Portraitähnlichkeit allgemein gelobt."

Erastus Dow Palmer, der Bildhauer, wurde am 2. April 1817 in Pompey in Onondoga County im Staate New-York geboren. Er erlernte das Zimmer- und Schreinerhandwerk und betrieb dasselbe bis zu seinem 29sten Lebensjahre in der Stadt Utica. Kurz vor dieser Zeit sah er ein Cameenporträt, das sein constructives Talent, welches sich schon in einigen sehr sinnreichen Holzschnitzereien offenbart hatte, so anregte, dass er den Versuch machte, mit einem Stück Austernschale und einer Feile in ähnlicher Weise ein Porträt seiner Frau auszuführen. Obgleich gänzlich unbekannt mit dem Verfahren, arbeitete er während seiner Musestunden mit unermüdlicher Geduld daran und zeigte es dann einem Herrn in seiner Nachbarschaft, der wegen seines feinen Kunstgeschmacks bekannt war. Dieser ermuthigte ihn sofort, sich in der neuen Beschäftigung auszubilden. Mehrere Jahre lang beschäftigte er sich denn auch vorzugsweise nur mit dem Schneiden von Cameen, worin er es allmählig zu einer solchen Fertigkeit in der Ausführung und dadurch zu einem solchen Rufe brachte, dass er aufgefordert wurde, sich in Albany, dem Regierungssitze des Staates New-York, niederzulassen. Die sehr nachtheilige Wirkung dieser Beschäftigung auf seine Augen sowohl, wie die Ueberzeugung, dass eine so beschränkte Arbeitssphäre seinem Talente keinen entsprechenden Spielraum gewähre, veranlasste ihn, sich noch im 35sten Lebensjahre an die Bildhauerkunst zu wagen, der er sich von da ab ausschliesslich widmete. Seine erste Arbeit in Marmor, eine ideale Büste der „Ceres als Kind", die er nach einem seiner eigenen Kinder modellirte und mit genauester Berücksichtigung der Natur als Basis idealisirte, wurde in der New-Yorker Zeichnenakademie ausgestellt und erregte allgemeine Bewunderung. Darauf folgten zwei Basreliefs, den „Morgen- und Abendstern" darstellend, die sich ebenso wie die frühere Arbeit durch eine ganz besondere Sorgfalt in der Ausführung, die er sich bei dem Cameenschneiden angeeignet hatte, auszeichneten. Weit bedeutender als diese beiden Arbeiten war dann die lebensgrosse Figur eines indianischen Mädchens, welches ein Cruzifix, das es in den Händen hält, betrachtet, wodurch der Künstler die Idee der Entstehung des christlichen Glaubens in dem heidnischen Gemüthe sinnbildlich darzustellen beabsichtigte. Später führte er in Marmor die Statuen der „schlafenden Peri", des „kleinen Bauernmädchens" und der „weissen Gefangenen" aus. Letztere, jedenfalls seine gelungenste Arbeit, ist die nackte Figur eines Mädchens, das an einen Baum gebunden ist, mit dem gemischten Ausdruck von Verzweiflung, Scham und Schrecken in den Zügen. Alle diese Arbeiten sind durch ihre ideale Auffassung und sorgfältige Ausführung characteristisch, — Eigenschaften, die der Künstler sich dadurch, dass er wenig Rücksicht auf die Antike nahm, die er niemals studirt hat, ganz besonders angeeignet hatte. Sein grösstes Werk, in dem er die volle Figur aufgenommen hat, ist der in der Sumner'schen Rede erwähnte Entwurf der „Landung der Pilger", 15 Statuen umfassend und für das Capitol in Washington bestimmt. Unter seinen vielen Basreliefarbeiten sind die bekanntesten der „Glaube", die „Unwandelbarkeit", der „Flug des Geistes", „Sappho" und „die Reue". Die vorzüglichsten seiner idealen Büsten sind die „Resignation", der „Frühling" und die „Flora". Auch hat er Porträtbüsten von Erastus Corning, Commodore Matthew C. Perry, Governor E. D. Morgan und vielen Anderen ausgeführt. Seitdem er sich mit der Bildhauerkunst beschäftigte, hat er mehr als 100 Arbeiten in Marmor vollendet. Gegenwärtig übt er seine Kunst in Albany aus. Palmer ist der einzige amerikanische Bildhauer von Ruf, der seine Kunst niemals im Auslande studirt oder betrieben hat. Seine Ideen und seine Auffassungsweise gehören ganz ihm selbst an und seine Kunstkenntniss, sowie seine technische Ausbildung hat er sich lediglich in New-York erworben.

Rembrandt Peale war der zweite Sohn des noch weit bekannteren Charles Wilson Peale, der im Jahre 1827 in Philadelphia starb, und obgleich von Profession ein Sattler, später als Uhrmacher, Juwelier, Modelleur und Zahnarzt in sehr erfolgreicher Weise Geschäfte betrieb, und sich dann der Malerei, namentlich der Porträtmalerei widmete. In dieser Branche der Kunst leistete er so Ausgezeichnetes, dass er seiner Zeit, d. h. in den 70er Jahren, der einzige Porträtmaler von Ruf in Amerika war, zu dem die Leute aus Canada und Westindien kamen, um porträtirt zu werden. Bekannter noch ist er durch die Gründung von Peale's Museum, das Jahre lang eines der Hauptanziehungspunkte der Stadt Philadelphia war, sowie durch die Mitbegründung der Pennsylvanischen Academie der schönen Künste geworden. Sein Sohn Rembrandt Peale, der in der Sumner'schen Rede erwähnte, wurde am 22. Februar

1778 zu Bucks County in Pennsylvanien geboren und starb am 3. October 1860 in Philadelphia. Im Alter von 8 Jahren zeichnete er schon recht hübsch. Im Jahre 1796 liess er sich als Porträtmaler in Charleston in Süd-Carolina nieder und studirte zwischen 1801 und 1804 in London unter West. Später lebte er mehrere Jahre in Paris und führte Porträts berühmter Männer für seines Vaters Museum in Philadelphia aus. Im Jahre 1809 kehrte er nach Philadelphia zurück, wo er während der nächsten Jahre eine Menge Porträts, sowie zwei zu ihrer Zeit berühmte Gemälde: „Die römische Tochter" und „der Hof des Todes" vollendete, — letzteres nach einer Stelle aus Bischof Porteus' Gedicht über den Tod. Dieses Gemälde, 24 Fuss lang und 13 Fuss breit und 23 Figuren enthaltend, wurde in den Hauptstädten der Union ausgestellt und brachte Peale eine hübsche Summe Geldes ein. Von da ab bis fast an das Ende seines langen Lebens widmete er sich vorzugsweise der Porträtmalerei und malte die berühmtesten seiner Zeitgenossen. Sein Hauptwerk in dieser Richtung ist das, auch von Sumner citirte Porträt Washingtons, das er nach dem Leben entworfen hatte. Auch literarisch ist er als der Verfasser einer „Europäischen Reisebeschreibung" und einer unter dem Titel „Graphics" veröffentlichten Abhandlung über das Elementarzeichnen bekannt geworden.

Hiram Powers, der Bildhauer, wurde am 29. Juli 1805 zu Woodstock im Staate Vermont geboren. Er war der achte einer Familie von 9 Kindern und verlebte seine Jugend auf seines Vaters Landgut, wo er eine Districtsschule besuchte und sich einige Kenntniss im Zeichnen und anderen Handfertigkeiten erwarb. Da das Landgut nicht den erwarteten Gewinn abwarf, siedelte er mit seiner Familie nach dem Staate Ohio über, woselbst er sich nach dem Tode seines Vaters in Cincinnati niederliess und die verschiedenartigsten Geschäfte betrieb. Anfangs führte er mit gutem Erfolge in einem der ersten Hotels ein Lesecabinet; später mit demselben Erfolge ein Geschäft in Landesproducten; dann erhielt er ein Engagement bei einem Uhrmacher, dem er seine Rechnungen einkassirte und ihm ausserdem bei dem mechanischen Theil seines Geschäftes behülflich war. Um diese Zeit wurde er mit einem deutschen Bildhauer bekannt, von dem er die Kunst des Modellirens in Gyps erlernte, und zwar mit einer solchen Leichtigkeit und Gewandtheit, dass es ihm nach kurzer Zeit schon gelang, Büsten in Gyps von bedeutendem künstlerischen Werthe auszuführen. Seine durch diese Beschäftigung noch gesteigerte Liebe zur Kunst veranlasste ihn, sich mit dem „Westlichen Museum" zu Cincinnati in Verbindung zu setzen und die Leitung des Wachsfigurenkabinets in demselben während einer Reihe von 7 Jahren zu übernehmen. Von einem höheren Kunststreben sowohl wie von der Ueberzeugung getrieben, dass er sich durch seine Thätigkeit als Bildhauer einen Lebenserwerb begründen könne, ging er im Jahre 1835 nach Washington und beschäftigte sich daselbst in sehr nutzenbringender Weise mit der Modellirung von Büsten berühmter Zeitgenossen. Durch die so errungenen Ersparnisse und die Unterstützung des Herrn Nicholas Longworth in Cincinnati gelang es ihm endlich im Jahre 1837 den schon lange gehegten Wunsch einer Reise nach Italien auszuführen. Noch in demselben Jahre liess er sich in Florenz nieder, wo er, einige gelegentliche Ausflüge nach Rom und anderen italienischen Kunstplätzen ausgenommen, bis an sein Lebensende verblieb und sich anfangs hauptsächlich dem Modelliren von Büsten widmete. Nachdem er so allmählig Zutrauen zu seinen Kräften und seiner Gewandtheit in der Handhabung des Meisels gewonnen hatte, machte er sich an **schwierigere Arbei-**

ten und vollendete im Jahre 1838 eine ideale Statue der „Eva", welche die Bewunderung Thorwaldens so erregte, dass er sie ein „Kunstwerk nannte, auf das jeder Künstler als sein Meisterstück stolz sein könne." Ein Jahr später vollendete er das Modell der „Griechischen Sclavin", seines am meisten bekannt gewordenen und populärsten Werkes, von dem mehr als 6 Kopieen in Marmor existiren, — sowie eine grosse Anzahl von Gypsbüsten und verkleinerten Kopieen in Parischem Marmor. Andere wohlbekannte Arbeiten von ihm sind der „Fischerknabe", wovon 3 Kopieen in Marmor ausgeführt sind; „Il Penseroso", „Proserpina" (eine Büste), „California", „America", für den Krystall-Pallast zu Sydenham in England modellirt; sowie Porträtstatuen von Washington für den Staat Louisiana und von Calhoun für den Staat Süd-Carolina. Die letztere, sein bestes Werk in dieser Branche, wurde, nachdem sie an der Küste von Long Island Schiffbruch gelitten, später glücklich in Charleston gelandet. Von seinen Büsten, welche den bei weitem grösseren Theil seiner Arbeiten ausmachen, sind die von Adams, Jackson, Webster, Calhoun, Oberrichter Marshall, Everett, van Buren und anderen berühmten Amerikanischen Staatsmännern, alle wohlbekannt und von vorzüglicher Ausführung. Eins seiner letzten Werke ist eine Bronzestatue Daniel Websters, die jetzt im Park des Stadthauses zu Boston aufgestellt ist. Powers ist der Erfinder eines neuen Verfahrens in Gyps zu modelliren, welches dadurch, dass es die Nothwendigkeit beseitigt, erst ein Thonmodell von dem Gegenstand nehmen zu müssen, die Arbeit des Bildhauers bedeutend erleichtert.

Ary Scheffer *), der zweite in der Sumner'schen Rede genannte Europäische Künstler, Maler der neueren französi-

---

*) Siehe die Anmerkung auf Seite 32.

schen Schule, wurde am 10. Februar 1795 zu Dortrecht in Holland geboren. Er empfing seinen ersten Unterricht in Amsterdam und begab sich sodann zur Vollendung seiner künstlerischen Ausbildung nach Paris, wo er 1812 bei P. Guérin als Lehrling eintrat, jedoch von dem Einflusse dieses Meisters, der die antikisch-theatralische Manier der David'schen Schule in ihrer äussersten Spitze vertrat, ziemlich unberührt blieb. Er liess zunächst die grossen akademischen Bravourstücke für einfache Staffeleibilder, die Griechische und Römische Geschichte für Anekdoten aus der Gegenwart, die Staatsvorgänge für Privatbegebenheiten liegen. Diese Gegenstände waren freilich nicht so vollkommen gegeben und durchgebildet wie die altholländischen Genrebilder, aber leicht und gefällig behandelt, mit wahrem und warmem Gefühle ausgedrückt. Die Soldatenwittwe, die Matrosenkinder, der Brand auf dem Pachthofe, der zurückkehrende Rekrut, eine Invasionsscene u. s. w. fallen in diese früheste Zeit (1816—26). Das Bild: die suliotischen Frauen, in der Ausstellung 1827, gehörte ebenfalls dem Interesse und der Stimmung der Tagesgeschichte an, behandelte aber doch einen pathetischen Gegenstand und war hauptsächlich durch die Kraft des Ausdrucks und das Dramatische des Moments wirksam. Mit dem Umfange hatten sich auch Styl und Behandlungsweise vergrössert. Dieses mit Recht sehr günstig aufgenommene Gemälde bezeichnete den Eintritt der zweiten Hauptepoche in Scheffer's Leben, indem er sich zur Historie hinwandte. Auch auf diesem Gebiete brach er mit der alten akademischen Tradition; seine holländische Abkunft und literarische Bildung machten ihm übrigens den Romanticismus leicht und gleichsam natürlich. Wie viele Meister, hatte Scheffer zwei Manieren, deren eine fast gar keine Verwandtschaft mit der anderen besitzt und einem anderen Maler angehören könnte. Bei der ersten Manier strebte er nach Farbe, brauchte und missbrauchte den Bister, verfuhr mit schroffen Pinselstrichen und liess seinen Bildern ein skizzenhaftes Aussehen. Poesie, Inspiration, tiefe und innige Empfindung schienen ihm damals vorzüglicher und wesentlicher als mühsame Correctheit. Er verschmähte die Mythologie und nahm seine Stoffe aus Bürger, Schiller, Goethe. Lenore, Eberhardt der Greiner, der König von Thule, Faust in seinem Studirzimmer, Gretchen am Spinnrade, Gretchen in der Kirche u. s. w. sind bekannte Bilder aus dieser ersten Hauptepoche (1827—35). Vergeblich erhoben sich dagegen mürrische Kritiker im Namen der Osteologie, der Mythologie und der gesunden Doctrinen. Die Bilder hatten einen romantischen Reiz und waren zugleich Phantasiegebilde und Poesieklänge aus Deutschland, eine Uebersetzung von Goethe und Schiller, die in ihrem unbestimmten Ton und Fluss viel genauer und fasslicher auftrat als die wortgetreuen Uebersetzungen von Stapfer, H. Blaze u. a. Später änderte Scheffer seine Manier und beschäftigte sich viel zu viel mit dem Gedanken einer Annäherung an Ingres und Overbeck. Das aus der Kirche kommende Gretchen (1836) zeigte bei dem bisher romantischen Maler eine etwas trockene Bestimmtheit und Schärfe in den Umrissen, welche keine hinreichende Correctheit rechtfertigte. Gretchen auf dem Blocksberge ist in derselben Art aufgefasst: eine blosse gleichsam nur angetuschte Farbe breitet sich in festen Linien aus. Mit Unrecht verliess Scheffer auf der Höhe seines Rufs die pastose, markige, anmuthige, weiche Manier, die seine Originalität ausmachte und sich zum Wiedergeben seiner mehr literarischen als plastischen Ideen vortrefflich eignete. Er verlor bei diesem Wechsel Farbe, Helldunkel, Vortrag, und gewann dafür keine reine Zeichnung und Idealschönheit; doch blieb ihm der Beifall überall getreu, weil er seine Seele, sein Gemüth nicht abdanken konnte. Francesco von Rimini und Paolo von Malatesta, die auf dem schwarzen Hintergrunde der Hölle wie verwundete Tauben vom Sturmwinde umgetrieben werden, ergriffen die Phantasie des Publikums. Man wollte nur das Poetische der Auffassung, den Ausdruck des nie endenden Wehes in den schönen Köpfen bemerken und übersah die dürftige Zeichnung oder die unzulängliche Modellirung der Körperformen. Der, auch in der Sumner'schen Rede erwähnte tröstende Christus und der vergeltende Christus, Mignon's Heimweh und Mignon's Sehnsucht, der heilige Augustinus und seine Mutter, die heilige Monika, Dante und Beatrice tragen ebenfalls dieses System der Abzehrung und Ausreckung an sich, wonach die Körper in Gewandungen mit graden Falten verschwinden, um krankhaft- und schwächlich-schönen Köpfen, die schmachtend gen Himmel blicken, ihre volle Bedeutung und Wirkung zu lassen. Christus im Garten, der kreuztragende Heiland, die vom Grabe des Erlösers zurückkommenden heiligen Jungfrauen, eine Mater dolorosa, ein Ecce homo, die Versuchung Christi, Ruth und Naemi, Jacob und Rebecca gehören auch noch in diese dritte Phase seines Talents. Scheffer hinterlässt einen Ruf, den vortreffliche Kupferstiche in Zukunft noch steigern werden, da diese nur seine Vorzüge wiedergeben. Der Grabstichel ist besonders ausgezeichnet in der Reproduction der Ideen eines Bildes; — und Scheffer's Bilder sind nur reine Ideen. Er war gleichsam der Novalis der französischen Malerei, und wenn er kein Künstlertemperament besass, so hatte er ein Künstlergemüth. Er starb zu Paris am 5. Juni 1858. Zu den wenigen Porträts, die er malte, gehören die von Talleyrand, Beranger, Lamartine, Charles Dickens und das in der Sumner'schen Rede angezogene von Lafayette, das er dem Amerikanischen Volke zum Geschenk machte. — Eine Lebensbeschreibung Ary Scheffer's ist im Jahre 1860 in London von Mrs. Grote erschienen.

William Wetmore Story, der Sohn des berühmten Rechtsgelehrten Joseph Story, wurde am 12. Februar 1819 zu Salem im Staate Massachusetts geboren. Er graduirte auf der Akademie zu Harvard im Jahre 1838, studirte Jurisprudenz und wurde darauf unter die Zahl der Advokaten zu Boston aufgenommen. Im Jahre 1844 veröffentlichte er eine „Abhandlung über das Gesetz über Contrakte" („Treatise on the law of Contracts"), welche von der Kritik sehr günstig aufgenommen wurde und in mehreren Auflagen erschienen ist. Im Jahre 1847 schrieb er eine „Abhandlung über das Gesetz, den Verkauf beweglicher Güter betreffend" („Treatise on the law of Sales of Personal Property"), die ebenfalls in 3 Auflagen erschienen ist. Später gab er 3 Bände „Reports of Cases argued and determined in the Circuit Court of the United States for the first Circuit (1847)" heraus. Story's Neigung und Geschmack zogen ihn jedoch mehr zu Literatur und Kunst, als zur Ausübung der juristischen Praxis hin. Schon im Jahre 1847 gab er einen kleinen Band Gedichte heraus, dem im Jahre 1851 eine (in 2 Bänden) sehr sorgsam ausgearbeitete und interessante Beschreibung des Lebens seines berühmten Vaters, und im Jahr 1856 ein zweiter Band von Gedichten folgte, die die ersten an Originalität, Gedankenfülle und Anmuth weit übertreffen. Bald darauf trieb ihn seine Neigung zur Kunst über den Ocean nach Rom, wo er sich ganz und gar der Bildhauerkunst widmete, für die er schon seit seiner Jugend eine grosse Vorliebe gezeigt hatte. Unter seinen Werken sind die nennenswerthesten eine in Marmor ausgeführte sitzende Statue seines Vaters für die Kapelle zu Mt. Auburn; ein Schäferknabe; eine Statuette von Beethoven; mehrere Büsten und das Modell einer Statue der

Cleopatra, die von Allen, die sie gesehen haben, auf's Höchste gepriesen wird.

Gilbert Charles Stuart, der Maler, wurde im Jahre 1756 in Narraganset in Rhode-Island geboren und starb im Juli 1828 in Boston. Er erhielt seinen ersten Unterricht von einem schottischen Maler, Namens Alexander, der ihn, als er ungefähr 18 Jahre alt war, mit sich nach Edinburgh nahm. Als sein Lehrmeister kurz nach ihrer Ankunft daselbst starb, kehrte er wieder nach Amerika zurück, indem er seine Rückpassage durch Matrosendienst, vor dem Maste, wie man sagt, abarbeitete. Sofort nach seiner Rückkehr liess er sich als Porträtmaler zu New-Port in Rhode-Island nieder, von wo er später nach Boston und dann nach New-York übersiedelte. Da aber der Revolutionskrieg seinen Aussichten ein hoffnungsloses Hinderniss in den Weg legte, so schiffte er sich nach London ein, wo er einige Jahre ein höchst unregelmässiges Leben führte. Es wollte ihm nicht recht gelingen, sich Ruf zu schaffen; ja mitunter gerieth er sogar in wirkliche Noth, bis es ihm endlich glückte, bei Benjamin West eingeführt zu werden, der damals auf dem Glanzpunkte seines Ruhmes und künstlerischen Einflusses stand. Von ihm erhielt er schätzbare Unterstützung sowohl, wie Belehrung; ja, West nahm ihn mehrere Jahre lang in seine Familie auf. Diese Aufmerksamkeiten erkannte Stuart natürlich auf's Wärmste an und malte ein lebensgrosses Porträt seines Wohlthäters, das sich noch jetzt in der Englischen National-Gallerie befindet. Ungefähr um's Jahr 1781 fing er an, seine Kunst auf eigene Rechnung in London auszuüben. Er erwarb sich bald einen grossen Ruf als Porträtmaler, indem er mit Reynolds und den besten Englischen Künstlern dieses Genre's rivalisirte. Unter den zahlreichen hohen Gönnern, die ihm sassen, befand sich König Georg III., der Prinz von Wales, der Earl von

St. Vincent, der Herzog von Northumberland, Sir Joshua Reynolds, John Kemble, Oberst Barre, Alderman Boydell und viele Andere. Später liess er sich in Dublin und Paris nieder, wo er ein Porträt Ludwig's XVI. malte. Im Jahre 1793 kehrte er nach Amerika zurück, hielt sich nur kurze Zeit in New-York auf und ging dann nach Philadelphia, um das Porträt Washington's zu malen. Das erste Bild vernichtete er. Als Washington ihm aber das zweitemal gesessen hatte, schuf er jenen wohlbekannten Kopf, nach welchem er alle seine anderen Porträts von Washington gemalt hat und der lange Zeit für das Musterbild Washington's gehalten wurde. Die Originalstudie nebst einem Kopfporträt der Gemahlin Washington's befindet sich gegenwärtig im Besitze des Athenäums zu Boston. Nachdem er mehrere Jahre in Washington zugebracht hatte, schlug er im Jahre 1806 seinen ständigen Wohnsitz in Boston auf, wo er bis zu seinem Tode in der practischen Ausübung seiner Kunst thätig blieb. Seine letzte Arbeit war ein Porträt von John Quincy Adams, das von Sully vollendet wurde. Vorher hatte er schon John Adams, Jefferson, Madison, Monroe und die meisten der andern berühmten Charactere der Revolution und der Entstehungsperiode der Union gemalt. Seine Porträts von Privatpersonen sind sehr zahlreich in Boston und Umgegend zu finden und haben, wie alle seine anderen Arbeiten, bis jetzt durch den Zahn der Zeit noch nichts von ihrer Farbenfrische und Pracht eingebüsst. Als Kopfmaler nimmt er den ersten Platz unter den Amerikanischen Künstlern ein, — vielleicht Copley ausgenommen; — ja, sein Fleischcolorit hält den Vergleich mit den schönsten Resultaten jeder modernen Schule aus. Auf die Extremitäten seiner Figuren, die Draperie und andere Beiwerke verwandte er wenig Fleiss, so dass sie mitunter sogar nachlässig ausgeführt sind. Fast allen andern

Malern aber ist er, nach Washington Allston's Urtheil, in der Gabe voraus, zwischen dem conventionellen Ausdruck der Manieren und der feineren Andeutung des individuellen Geistes zu unterscheiden. Dies war es, was ihn in den Stand setzte, seine Leinwand zu beleben, nicht mit dem äussern Schein des rein generellen Lebens, sondern mit jenem eigenthümlichen distinctiven Leben, welches das geringste Individuum von seiner Gattung trennt. („He was superior to almost every other painter in the faculty of distinguishing between the conventional expression which belongs to manners, and that more subtle indication of the individual mind. It was this which enabled him to animate his canvas not with the appearance of mere general life, but with that peculiar distinctive life, which separates the humblest individual from his kind.") Stuart war ein Mann von feinsten gesellschaftlichen Manieren und ein höchst interessanter, genialer Erzähler.

John Trumbull, der Maler, wurde am 6. Juni 1756 zu Lebanon in Connecticut geboren und starb am 10. November 1853 in New-York. Er graduirte im Jahre 1773 auf der Harvard-Academie und widmete sich bald nachher dem Studium der Malerei, für die sein natürlicher Geschmack durch die Betrachtung der Meisterwerke von Smibert und Copley in Boston angeregt war. Er hatte zwei Originalbilder: „Die Schlacht bei Cannae" und „das Urtheil des Brutus" vollendet, als der Ausbruch der Revolution ihn in den activen Felddienst abberief. Im Frühjahr 1775 trat er vor Boston, erst 19 Jahre alt, in die Armee der Colonien als Adjutant des ersten Connecticut-Regiments ein. Seine Fertigkeit im Zeichnen veranlasste Washington, ihn zu beauftragen, einen Plan der feindlichen Werke zu entwerfen, den er in einer so vorzüglichen Weise ausführte, dass er im August 1775 zum Adjutanten des Oberbefehlshabers und kurz darauf zum Brigademajor ernannt wurde. Er begleitete die Armee bis New-York und ging im Juni 1776 mit General Gates in nördlicher Richtung weiter mit dem Range eines Obersten und Generaladjutanten. Diesen Posten bekleidete er unter Gates und später unter Arnold bis zum Frühjahr 1777, als er, beleidigt durch einen Congressbeschluss bezüglich des Datums seines Officierspatents, den Dienst quittirte und sich wiederum dem Studium der Malerei widmete. Im Mai 1780 schiffte er sich nach Frankreich ein und ging von dort nach London, wo er aufs freundlichste von Benjamin West aufgenommen wurde, unter dessen Leitung er rasche Fortschritte in der Kunst machte. Die durch die Hinrichtung des Majors André verursachte Aufregung führte aber zu seiner Verhaftung und Einkerkerung. West, der zu damaliger Zeit Hofmaler des Königs Georg III. war und in einem sehr freundschaftlichen Verhältnisse zu seinem königlichen Gönner stand, verwendete sich für seinen Zögling und erhielt die königliche Zusicherung, dass „für den schlimmsten Ausgang des Processes sein Leben geschont bleiben sollte." Trumbull befand sich aber doch acht Monate lang in Haft, während welcher Zeit er fleissig und mit Erfolg weiter studirte, bis er endlich auf einen Specialbefehl des Königs gegen Bürgschaft in Freiheit gesetzt wurde, jedoch unter der Bedingung, das Königreich binnen 30 Tagen zu verlassen. West und Copley leisteten die erforderliche Bürgschaft für ihn. Er kehrte im Januar 1782 nach Hause zurück; stattete England aber sofort nach Abschluss des Friedens wiederum einen Besuch ab und setzte seine Studien unter West fort. Eine seiner ersten Originalarbeiten, „Priamus, wie er die Leiche Hector's empfängt", ist jetzt im Besitze des Athenäums zu Boston. Im Jahre 1786 schuf er sein erstes modernes historisches Werk: „Die Schlacht von Bunker-Hill" und bald nachher „den Tod Montgomery's vor Quebec", die beide ausserordentliches Aufsehen erregten. Das erstere der beiden Werke, das, wie alle historischen Bilder Trumbull's, einen bedeutenden Werth seiner Porträts wegen hat, ist eins der lebendigsten Schlachtstücke, die je gemalt worden sind. Es ist in ganz vorzüglicher Ausführung von J. G. Müller in Stuttgart gestochen. Das zweite Bild wurde von dem Dänischen Graveur Clemens in London gestochen. Für beide Stiche fand Trumbull auf dem Wege der Subscription zahlreiche Abnehmer in Europa und Amerika. Als er bemerkte, dass der Character dieser Arbeiten nicht ganz dem Englischen Geschmacke entsprach, wählte er für sein nächstes Sujet den „Ausfall der Garnison aus Gibraltar" während der denkwürdigen Belagerung durch die französische und spanische Armee, wovon sich eine Copie gegenwärtig im Besitze des Athenäums zu Boston befindet. Das höchst vollendete Bild, 6 bei 9 Fuss in Dimension, wurde im Jahre 1789 mit grossem Erfolge in Spring Garden in London ausgestellt und ist weit und breit durch einen Stich von Sharp bekannt geworden. Im Herbste 1789 kehrte er nach Amerika zurück, um sich die Porträts berühmter Patrioten für eine in Aussicht genommene Serie von Nationalgemälden zum Andenken an die Hauptereignisse des Revolutionskrieges zu verschaffen. Während er damit beschäftigt war, malte er mehrere Porträts von Washington, von denen sich eins, in Lebensgrösse und Uniform, in der städtischen Gallerie zu New-York befindet. Nachdem er seinen Zweck erreicht hatte, ging er im Jahre 1794 als Secretär Jay's, des Amerikanischen Gesandten, wieder nach England und wurde im August 1796 zum 5ten Commissär für die Ausführung des 7ten Artikels des Jay'schen Vertrags von 1794 ernannt. Die mit dieser Commission verbundenen Amtspflichten beschäftigten ihn bis 1804, als er nach den Vereinigten Staaten zurückkehrte. Im Jahre 1808 ging er wiederum nach England und führte während eines ununterbrochenen siebenjährigen Aufenthalts eine Anzahl von Gemälden aus, die übrigens von keinem sonderlichen Erfolg begleitet waren. Später in sein Vaterland zurückgekehrt, verliess er dasselbe nicht mehr. Im Jahre 1817 erhielt er vom Congress den Auftrag, 4 Felder der Rotunda des neuen Kapitols mit Bildern auszufüllen, jedes 18 bei 12 Fuss im Umfang und die vaterländische Geschichte illustrirend, — ein Auftrag, dessen Ausführung ihn während der nächsten 7 Jahre fast ausschliesslich in Anspruch nahm und wofür er die Summe von 32,000 Dollars erhielt. Diese Gemälde, welche die „Erklärung der Unabhängigkeit", die „Uebergabe Bourgogne's", die „Uebergabe Cornwallis" und die Resignation General Washington's zu Annapolis am 23sten December 1783, darstellen, sind im Style West's ausgeführt und werden, abgesehen von der Menge getreuer Porträts, die sie enthalten, als künstlerisch für nicht sehr bedeutend gehalten. Später war er mehrere Jahre lang mit der Vollendung seiner früheren Skizzen und mit der Ausführung von Copieen seiner vaterländischen Bilder, nach dem gleichmässigen Massstab von 6 bei 9 Fuss Umfang, beschäftigt. Da er jedoch fand, dass weder die Regierung noch irgend ein Privatmann Neigung zeigte, die Serie zu kaufen, schloss er mit der Yale-Academie einen Vertrag ab, wonach er gegen eine Jahresrente von 1000 Dollars für den Rest seines Lebens die ganze Sammlung an das Institut abtrat, unter der Bedingung, dass sie in einer eigens für diesen Zweck errichteten feuerfesten Halle untergebracht werde. Die sogenannte „Trumbull-Gallerie" enthält ausser Copieen der meisten der vorerwähnten historischen Gemälde, die nur theilweise vollendete „Schlacht von Princeton", „die Uebergabe der Hessen bei Trenton", „den Tod Mercer's bei

Princeton", ein im Jahre 1792 für die Stadt Charleston gemaltes „Porträt Washington's", „die Ehebrecherin", „Lasset die Kindlein zu mir kommen", während seines letzten Aufenthalts in England gemalt; Copieen mehrerer alter Meister u. s. w., — im Ganzen 57 Bilder. Es ist die grösste und interessanteste öffentliche Sammlung von Productionen irgend eines amerikanischen Malers. Mit Ausnahme des Zeitraumes von 1837 bis 1841 brachte er die letzten 27 Jahre seines Lebens in der Stadt New-York zu, wo er Präsident der „Akademie der schönen Künste", von der Zeit der Begründung derselben im Jahre 1816 bis zu der Bildung der „Nationalen Zeichnen-Academie" im Jahre 1825 war. In dieser seiner Eigenschaft ertheilte er einer grossen Anzahl von Zöglingen Unterricht in der Malerei.

Robert Walter Weir, der Maler, wurde am 18ten Juni 1803 zu New-Rochelle im Staate New-York geboren. Anfangs widmete er sich der kaufmännischen Carriere, die er jedoch in seinem 19ten Jahre aufgab, um sich der Malerei hinzugeben. Nachdem er sich durch mehrere höchst gelungen ausgeführte Copieen bereits einen Namen erworben hatte, besuchte er Italien, von wo er nach einem dreijährigen Aufenthalt im Jahre 1827 in die Heimath zurückkehrte. Mehrere Jahre lang übte er seine Kunst in New-York aus und ersetzte im Jahre 1834 Charles R. Leslie als Zeichnenlehrer an der Cadettenschule zu West Point, welche Stelle er noch jetzt bekleidet. Die bedeutendsten seiner Werke sind: „Red Jacket", „the Antiquary introducing Lovel to his womankind", „Bourbon's letzter Marsch", „die Landung Hendrick Hudsons", „Columbus vor dem Rath zu Salamanca", die jetzt in der Rotunde des Capitols zu Washington angebrachte und in der Sumner'schen Rede erwähnte „Landung der Pilger" und die im Besitze des Athenäums zu Boston befindlichen „Indianischen Gefangenen".

Benjamin West, der Anglo-Amerikanische Maler, wurde am 10ten October 1738 zu Springfield in Pennsylvanien geboren und starb am 11ten März 1820 in London. Er war von Quäkerabkunft und eine Frühgeburt, verursacht durch die übergrosse Aufregung, in die seine Mutter während ihrer Schwangerschaft durch die Predigt eines Wanderpredigers der Quäkersecte, Namens Edward Peckover, versetzt war. In seinem 7ten Jahre überraschte er seine Eltern durch eine in rother und schwarzer Tinte ausgeführte Zeichnung der kleinen Tochter seiner Schwester. Von der Zeit an bestand sein Hauptvergnügen darin, Vögel, Blumen und andere Gegenstände nach der Natur zu copiren, indem er sich seine Pinsel aus Haaren anfertigte, die er der Hauskatze aus dem Rückenfell rupfte. Seine Farben bestanden aus rothen und gelben Stoffen, die ihn herumziehende Indianer zu präpariren gelehrt hatten, und aus Indigo, den ihm seine Mutter gab. Ein Verwandter aus Philadelphia, der diese jugendlichen Versuche beobachtet hatte, schickte ihm einen Farbenkasten mit Pinseln und anderem Zubehör, und mit diesen Materialien versehen, fertigte er in seinem 9ten Jahre ein Bild an, von dem er 67 Jahre später, als er auf der Höhe seines Ruhmes stand, behauptete, dass es Striche enthalte, die später nie von ihm besser ausgeführt seien. Bald nachher fasste er den Entschluss, sich ausschliesslich der Malerei zu widmen, und nachdem er eine Elementarschule in Philadelphia besucht hatte, liess er sich in dieser Stadt nieder und übte daselbst und in den umliegenden Ortschaften seine Kunst vorzugsweise als Porträtmaler aus. In Lancaster malte er für einen, klassischen Neigungen ergebenen Büchsenschmied ein Gemälde vom Tode des Sokrates, das die erste Figur enthielt, die er je nach dem Leben zeichnete. Als er im 16ten Jahre nach Springfield zurückkehrte, wurde ihm nach langen Discussionen und Verhandlungen von der dortigen Quäkergemeinde die den Gewohnheiten der Secte im Grunde widerstrebende Erlaubniss ertheilt, die Malerei als Profession betreiben zu dürfen. Bald nachher jedoch that er einen Schritt, der ganz und gar im Widerspruch mit den Prinzipien der Secte stand, indem er sich freiwillig der Expedition unter Major Sir Peter Halkett anschloss, um die Ueberreste der Braddock'schen Armee aufzusuchen. In seinem 18ten Jahre liess er sich wieder in Philadelphia als Porträtmaler nieder. Von da ging er nach New-York, wo er Porträts zu 5 Guineen das Stück malte und sich gelegentlich an ein historisches Stück wagte. Im Jahre 1760 wurde er durch die Unterstützung einiger New-Yorker und Philadelphier Kaufleute in den Stand gesetzt, Italien zu besuchen. Als er im Juli in Rom ankam, wurde er auf's Freundlichste von Lord Grantham, an den er einen Empfehlungsbrief hatte, aufgenommen. Sein Porträt dieses Herrn, das man anfänglich allgemein für eine Arbeit von Raphael Mengs hielt, erregte ausserordentliches Aufsehen, das sich noch steigerte, als die näheren Umstände seiner Geburt und künstlerischen Erziehung bekannt wurden, indem die Ankunft eines Jüngers der Kunst aus den fernen Wildnissen Nordamerikas etwas ganz Unerhörtes in Rom war. Auf den Rath von Mengs, welcher sein warmer Verehrer wurde, unternahm er eine sorgfältige Studienreise durch die italienischen Hauptstädte der Kunst und malte dann in Rom zwei Bilder: „Cimon und Iphigenie" und „Angelica und Medora", welche sehr gut aufgenommen wurden. Auch wurde er zum Mitgliede der Akademieen zu Florenz, Bologna und Parma ernannt. Im Jahre 1763 kam er, auf seiner Rückreise nach Amerika begriffen, nach England; wurde aber, nachdem er in London einige Aufträge für hohe Geistliche und einflussreiche Edelleute ausgeführt hatte, bewogen, seinen dauernden Wohnsitz in jener Stadt zu nehmen, wo er sich denn auch im Jahre 1765 mit einer jungen Amerikanerin, Elisabeth Schewell, verheirathete, zu der er schon früher eine Neigung gefasst und die auf seinen Wunsch zu ihm nach England gekommen war. Ein sehr gelungenes Gemälde, Agrippina darstellend, wie sie mit der Asche des Germanicus landet, bot die Veranlassung, dass er Georg dem Dritten vorgestellt wurde, für den er den „Abschied des Regulus" malte und der fast 40 Jahre lang sein treuer Freund und freigebiger Gönner war. Von der Zeit an wurde er mit Aufträgen aus allen Weltgegenden förmlich überschüttet und malte und skizzirte während einer Laufbahn von fast ununterbrochenem materiellen und künstlerischen Erfolg, die nur wenige bemerkenswerthe Ereignisse aufzuweisen hatte, 400 Bilder, — viele davon im grossartigsten Styl ausgeführt, — und hinterliess ausserdem bei seinem Tode noch mehr als 200 Zeichnungen. Seine Sujets, anfangs der alten, später der biblischen und neueren Geschichte entnommen, waren mit grosser Leichtigkeit, Sorgfalt und Geschmack, und nach dem Urtheile seiner Verehrer, im Style der alten Meister ausgeführt; — ein Umstand, der ihm hauptsächlich den Ruf geschaffen hat, dessen er sich während des letzten Jahrhunderts in England erfreute. Eins seiner ersten Bilder, der „Tod Wolfe's", hat in der That eine neue Aera in der Geschichte der Englischen Kunst dadurch eröffnet, dass die Figuren mit dem ihrer Zeit und ihrem Character entsprechenden Costüm bekleidet wurden, anstatt mit dem der alten Griechen und Römer, was bei historischen Gemälden zur unumgänglichen Gewohnheit geworden war. Das Experiment wurde für riskant gehalten, so dass Sir Joshua Reynolds und Andere sich bemühten, den Maler von dem Versuch abzubringen; er aber beharrte bei seinem Entschluss, und Reynolds war einer der

Ersten, der ihm zu seinem Erfolge beglückwünschte und seine irrige Auffassung der Idee bekannte. Das Gemälde erlangte eine ungeheure Popularität in England und ist weit und breit durch den schönen Stich von Woollett bekannt geworden. Für Georg den Dritten malte er eine Reihe von Sujets aus der frühesten Englischen Geschichte und entwarf eine grossartige Serie von Illustrationen des „Fortschritts der geoffenbarten Religion" für die Kapelle zu Windsor Castle, von denen er nur 28 vollendete, da der Auftrag nach der Quiescirung des Königs sein Ende erreichte. Darauf begann er eine Serie von religiösen Stücken und zwar in einem grossartigeren Massstabe, als irgend eins seiner früheren Werke. Das erste: „Christus, die Kranken heilend", war zum Geschenk für das Pennsylvanische Hospital in Philadelphia bestimmt. Es wurde indessen für £ 3000 von dem Britischen Institute angekauft, und der Britischen National-Gallerie vermacht, während West eine etwas veränderte Copie nach Philadelphia sandte, deren Ausstellung daselbst einen so ergiebigen materiellen Erfolg erzielte, dass der Vorstand in den Stand gesetzt wurde, das Hospital bedeutend durch einen Anbau zu erweitern. Das hervorragendste Bild dieser Serie war das, der Offenbarung Johannes entnommene „The death on the Pale Horse", das im Jahre 1817 in London ausgestellt wurde und Allan Cunningham zu folgender kritischen Bemerkung veranlasste:

„As old age benumbed his faculties and began to freeze up the well-spring of thought, the daring intrepidity of the man seemed but to grow and augment. Immense pictures, embracing topics, which would have alarmed loftier spirits, came crowding thick on his fancy; and he was the only person, who appeared insensible, that such were too weighty for his handling."

Unter seinen Schlachtstücken kann die „Schlacht von La Hogue" zu den besten Bildern gezählt werden, die er je gemalt hat. Im Jahre 1792 wurde er an Stelle des Sir Johsua Reynolds, Präsident der Königlichen Akademie, indem er auf Grund seiner Armuth die Ehre, zum Ritter geschlagen zu werden, die ihm der König anbot, ausschlug. Später, im Jahre 1802, zog er sich auch von jenem Posten, in Folge von Kabalen unter den Mitgliedern, zurück. Das Präsidenten-Amt wurde darauf ungefähr ein Jahr lang von dem Architekten James Wyatt bekleidet, bis West durch die Stimmen sämmtlicher Mitglieder, mit Ausnahme der Fuseli's, der für Frau Lloyd, auch einer Akademikerin, mit der Erklärung stimmte, „dass ein altes Weib so gut sei wie ein anderes", wiedergewählt wurde und das Amt dann bis zu seinem Lebensende bekleidete. Den ausserordentlichen Ruf, den West eine Zeitlang genoss, verdankte er hauptsächlich der Leichtigkeit, mit der er arbeitete und der akademischen Correctheit seiner Zeichnungen; — letzteres eine Eigenschaft, welche gerade in dem Zeitalter, in dem er lebte, sehr hoch angeschlagen wurde. Er zeichnete gut und componirte in geschmackvoller Weise, frei von aller Uebertreibung; hatte aber wenig Erfindungsgabe und Ausdruckskraft. Seine Bilder sind vorzüglich ihrer Composition wegen bemerkenswerth. Sein Colorit ist von einförmigem, röthlich braunem Ton, der in keiner Weise der Natur ähnelt. Wenige Künstler haben so wenig Individualität und doch solch eine Gleichmässigkeit des Verdienstes gezeigt. Viele seiner Bilder sind von Woollett, Sharp, Hall, Heath und Anderen gestochen. Er war ein Mann von exemplarischem Character und ein wohlwollender Freund und Rathgeber junger Maler.

* * *

Senator Charles Sumner.

„Freedom is national and slavery sectional."

Charles Sumner, der berühmte amerikanische Staatsmann, wurde am 6ten Januar 1811 zu Boston im Staate Massachusetts geboren. Sein Vater, der im Jahre 1839 starb, war Advokat und während der letzten Zeit seines Lebens Sheriff der Grafschaft Suffolk. Der Sohn genoss seine Jugenderziehung auf der Lateinischen Schule zu Boston und graduirte im Jahre 1830 auf der Harvard-Akademie. Er setzte seine Gymnasialstudien noch ein Jahr lang privatim fort und trat dann in die juristische Akademie zu Cambridge, wo er mit seinem Lehrer, dem Richter Story, ein inniges Freundschaftsbündniss schloss, das er bis zum Tode des grossen und berühmten Rechtslehrers fortsetzte. Er wurde im Jahre 1834 unter die Zahl der Advokaten aufgenommen und erwarb sich bald eine ausgedehntere Praxis in Boston als irgend einer der anderen jüngeren Advokaten. Er wurde zum Referenten des Bezirksgerichtshofes der Vereinigten Staaten ernannt und veröffentlichte in dieser seiner Eigenschaft drei als „Sumner's Reports" bekannt gewordene Bände der Entscheidungen des Richters Story. Ebenso gab er zu der Zeit den „American Jurist," eine juristische Vierteljahrsschrift, heraus, die bald ausserordentlichen Ruf und Anklang fand. Während der ersten drei Winter nach seiner Zulassung zur juristischen Praxis wurde Sumner, während Richter Story in Washington war, zum Lector für die Studenten der juristischen Fakultät ernannt und stand eine Zeit lang, während der Abwesenheit des Professors Greenleaf, der Akademie ganz allein vor. Seine Lieblingsfächer waren das constitutionelle und das Völkerrecht. Im Jahre 1836 wurde ihm eine Professur sowohl an der Akademie, wie am Gymnasium angeboten; er lehnte aber beide Stellen ab und ging im Jahre 1837 nach

Europa, wo er bis zum Jahre 1840 blieb und Italien, Frankreich, Deutschland und England bereiste. In England blieb er fast ein ganzes Jahr lang. Die besten Empfehlungsbriefe hatten Sumner in die feinsten gesellschaftlichen Zirkel Europa's eingeführt, so dass es ihm, bei seinem reich begabten Geiste, seinem wohlgeübten, starken Gedächtnisse und den mannigfaltigsten Anziehungsgaben eines fein gebildeten Gelehrten nicht schwer werden konnte, sich zu seinem grössten Vortheile noch weiter auszubilden. Wohl nur wenige Amerikaner haben das Sehenswürdigste in Europa besser, nutz- und genussreicher gesehen, als er. Seine ausdauernde Strebsamkeit in Verbindung mit seinen ausserordentlichen angeborenen Fähigkeiten führten ihn leicht in die Bekanntschaft der hervorragendsten Männer Europa's ein, mit denen er zum Theil die vertrautesten Freundschaftsbündnisse abschloss.

Dieser Reiseperiode verdankt Sumner hauptsächlich seine gründliche Kenntniss der Kunst und seine feine, vollendete wissenschaftliche und diplomatische Ausbildung, durch die er sich auf die höchste Stufe des Amerikanischen Lebens geschwungen hat.

Im Jahre 1840 kehrte er nach Boston zurück, nahm seine juristische Praxis wieder auf und gab in den Jahren 1844 bis 1846 eine sehr fleissig bearbeitete Ausgabe von „Vesey's Reports" mit Anmerkungen, in 20 Bänden heraus. —

Obgleich Sumner mit der Whig-Parthei stimmte, nahm er doch keinen thätigen Antheil an der Politik bis zum 4ten Juli 1845, als er vor den städtischen Behörden zu Boston eine Rede über die „wahre Grösse der Nationen" hielt, worin er, veranlasst durch die drohende, zwischen den Vereinigten Staaten und Mexiko vorherrschende Stimmung, gegen „die Kriegstheorie als die Theorie des Gottesgerichts durch Schlachtenkampf, das durch das Völkerrecht in unkluger Weise noch weiter zur schiedsrichterlichen Entscheidung über die Gerechtigkeit zwischen den Völkern benutzt werde", auf's Energischste protestirte und darauf bestand, dass diese Theorie einer „friedlichen Entscheidung über die Aberkennung völkerrechtlicher Fragen weichen müsse, gerade so, wie das private Gottesgericht durch Zweikampf solch friedlichen Ersatzmitteln in der Handhabung der Gerechtigkeit zwischen Individuen gewichen sei". Diese seine Rede erregte die allgemeinste Aufmerksamkeit und führte sowohl zu den verschiedenartigsten Controversen, wie sie die weiteste Verbreitung in Amerika und Europa fand. Sie wurde von Richard Cobden für „den edelsten Beitrag aller modernen Schriftsteller für die Sache des Friedens" erklärt. Auf diese Rede folgte in rascher Reihenfolge eine Menge öffentlicher Reden über verwandte Themata vor literarischen und akademischen Gesellschaften und Volksversammlungen, welche alle durch den Druck weite Verbreitung gefunden haben. — Von nun ab trat Sumner ganz entschieden und ernst gegen die Einverleibung von Texas in die Union auf der Basis des Sclavereisystems auf. Am 4ten November 1845 hielt er vor einer äusserst zahlreich besuchten Volksversammlung in Fanueil Hall in Boston eine Rede gegen die Massregel, welche mit allgemeinem Beifall aufgenommen wurde. Im folgenden Jahre sprach er vor der Staatsconvention der Whigparthei von Massachusetts über die „Anti-Sclaverei-Pflichten der Whigparthei", und veröffentlichte bald darauf einen Brief an Robert C. Winthrop, der Boston damals im Congress vertrat, worin er ihn auf's Strengste wegen der Abgabe seiner Stimme zu Gunsten des Kriegs mit Mexiko tadelte. Diese Schritte führten eventuel zu der Lossagung Sumner's von der Whigparthei und zu seinem Uebertritt zu der Freibodenparthei, deren Candidaten,

Martin van Buren und Charles Francis Adams, er auf's Kräftigste während des Präsidenten-Wahlkampfes von 1848 unterstützte. Nachdem Daniel Webster durch seinen Eintritt in das Kabinet des Präsidenten Fillmore im Jahre 1850 aus dem Senate geschieden war, wurde Sumner durch eine Coalition von Freibodenmännern und Demokraten in der Gesetzgebung des Staates Massachusetts für die Senatsvacanz nominirt und auch nach einem langen und ernsten Wahlkampfe erwählt; — ein Wahlkampf, der nicht nur die Aufmerksamkeit der ganzen Union auf sich zog, sondern dessen Ausgang auch überall von der Antisclavereiparthei öffentlich gefeiert wurde.

Obwohl Sumner, noch im jugendlichen Alter stehend, Mitglied des Senats der Vereinigten Staaten wurde, so war er doch mit dem Völkerrechte sowohl, wie mit der Geschichte und Literatur aller Länder der Welt vollkommen vertraut. Dabei besass er eine gründliche Kenntniss der Details der Anti-Sclaverei-Bewegung und war tief von der Ueberzeugung durchdrungen, dass das anmassende und trotzige Gebahren der Sclavereiparthei die grösste Gefahr für die Nation in sich trage. Da ihm sein Ruf vorausgeeilt war, so war er natürlich in einer Versammlung nicht willkommen, die von dem Geiste Calhoun's beherrscht wurde. Senatoren wie Jefferson Davis, welcher durch seine Frechheit zu imponiren suchte, oder wie Douglas, der sich über das moralische Gefühl hinwegsetzte, suchten, wo sie konnten, die von ihnen als eitle, flitterreiche Ziererei und sophomore Rhetorik denuncirte Befähigung des jungen Senators in's Lächerliche zu ziehen. Er aber überzeugte gar bald nicht allein diese Männer, sondern das ganze Land, dass es doch wenigstens Einen im Senate gäbe, welcher, auf der breiten Basis des moralischen Rechtes fussend, ebenso innig vertraut mit der Constitution und mit den Gesetzen sei, wie die gelehrtesten und ältesten seiner Amtsgenossen. Obgleich persönlich von gutherzigstem Naturell und von feinsten Manieren, verschmähte er doch die sociale Vertraulichkeit seiner politischen Gegner; ja, seine Opposition war so unbeugsam und schonungslos gegen Diejenigen, von welchen er glaubte, dass sie gegen sein Vaterland conspirirten, dass er von seinen Anhängern und Verehrern als die Personification des unnachgiebigen Geistes der Freiheit betrachtet wurde, welchen die Führer der Sclavenparthei gar bald als ihren gefährlichsten Feind erkannten.

Die erste bedeutende Rede, die Sumner im Senat hielt, betraf das „flüchtige Sclavengesetz" („fugitive slave-act"), gegen das er sofort offen mit der Erklärung auftrat, dass der Congress nach der Constitution nicht befugt sei, Gesetze zu Gunsten der Auslieferung flüchtiger Sclaven zu erlassen; und dass, wenn er dazu befugt sei, das besagte Gesetz in vielen wesentlichen Punkten in Widerspruch mit der Constitution stehe und ausserdem tyrannisch und grausam sei. In dieser Rede nahm Sumner als Richtschnur für die politische Action den von ihm seitdem stets treu bewahrten Wahlspruch an: „Freedom is national and slavery is sectional." („Die Freiheit ist fürs Volk; die Sclaverei für's Sectenwesen!")

An der Debatte über die Zurücknahme des „Missouri Compromiss" und über den Conflict in Kansas nahm Sumner einen hervorragenden Antheil. Seine letzte Rede über dies Thema, welche später unter dem Titel: „The crime against Kansas", (das Verbrechen gegen Kansas) im Druck erschien, nahm zwei volle Tage (den 19ten und 20ster Mai 1856) in Anspruch. Einige ironische Bemerkungen in derselben über den Senator Buttler aus Süd-Carolina versetzten die Congressmitglieder dieses Staates in einen solchen Zorn, dass einer derselben, Preston S. Brooks, am 22sten Mai Sumner, während er an seinem Pult im Senatszimmer sass und schrieb, überfiel und mit einem Guttaperchastock so über den Kopf schlug, dass er besinnungslos zu Boden stürzte. Die dadurch erlittene Beschädigung war von so ernster Natur, dass sie zu einer lange andauernden Kränklichkeit führte, von der er erst nach ungefähr 4 Jahren ganz wieder hergestellt wurde. Sein Amtstermin als Senator erlosch am 4ten März 1857; er war jedoch schon im Januar von der Gesetzgebung von Massachusetts zum zweiten Male für das Amt wiedererwählt; — und zwar einstimmig im Senate, während er in dem mehrere hundert Mitglieder zählenden Repräsentantenhause alle Stimmen bis auf 7 erhielt. Auf den Rath seiner Aerzte ging er im März 1857 zur Wiederherstellung seiner Gesundheit nach Europa und kehrte im Herbste zurück, um seinen Sitz im Senate wieder einzunehmen. Da aber sein Gesundheitzustand noch immer sehr angegriffen war, so ging er im Mai 1858 wieder über den Ocean und unterwarf sich einer ausserordentlich beschwerlichen medicinischen Kur in Paris, welche bis zum Herbste 1859 dauerte, und nach deren Beendigung er dann wieder nach Hause zurückkehrte. Sein erstes Auftreten nach der Wiederherstellung seiner Gesundheit ist durch eine äusserst fleissig bearbeitete Rede im Senate bezeichnet, worin er den Einfluss der Sclaverei auf Character, Gesellschaft und Civilisation schilderte, und die später unter dem Titel: „The Barbarism of Slavery" („die Barbarei des Sclavendienstes") im Druck erschien. An dem Präsidenten-Wahlkampf von 1860 nahm er thätigen Antheil und hielt mehrere Reden zu Gunsten Abraham Lincoln's und Hannibal Hamlin's, der erfolgreichen Candidaten. Im Senate opponirte er während der Discussionen, welche die Trennung der Sclavenstaaten zur Folge hatten, auf's Energischste gegen jede Concession und jedes Compromiss mit der Sclaverei, und schlug schon von Anfang an die Emancipation als das schnellste Mittel vor, um zum Frieden gelangen zu können. Diese Politik befürwortete er aufs Dringendste, namentlich auf den, am 1sten October 1861 zu Worcester in Massachusetts und am 27sten November zu New-York gehaltenen Volksversammlungen, bis sie endlich von der Regierung adoptirt wurde und zu der berühmten Emancipations-Proclamation Abraham Lincoln's vom 1sten Januar 1863 führte. Bei diesen und allen seinen Kämpfen gegen die Sclaverei basirte er seine Argumente nicht allein auf moralische und historische, sondern hauptsächlich auf constitutionelle Gründe, und hob dabei stets aufs Bestimmteste hervor, dass die Stellung, die er der grossen Frage gegenüber einnehme, und die Massregeln, die er zu ihrer Ausführung befürworte, in strictester Uebereinstimmung mit der Constitution der Vereinigten Staaten seien. Seit dem 4ten März 1861 fungirt Sumner als Vorsitzender des Senatscommittee's für auswärtige Angelegenheiten, und am 9ten Januar 1862 hielt er seine berühmte, so sorgfältig durchdachte und fleissig ausgearbeitete Rede, in welcher er gegen die Verhaftung der Abgesandten der Rebellenregierung, Mason und Slidell, an Bord des Steamers Trent, als mit den Principien des von den Vereinigten Staaten stets in Ehren gehaltenen Völkerrechts unvereinbar, protestirte. Das Resultat dieser Rede, die Freilassung der Genannten, ist noch Jedermann um so frischer im Gedächtniss, als man damals allgemein der Ansicht war, dass gerade durch diesen Ausgang der Sache einer Verwickelung der Vereinigten Staaten in einen Krieg mit den europäischen Grossmächten vorgebeugt sei.

Die bekanntesten im Druck erschienenen Werke Sumner's sind: „White Slavery in the Barbary States, Boston 1853"; sowie 2 Sammlungen seiner Reden unter dem Titel: „Orations and Speeches, 2 volumes, Boston 1850", und „Recent Speeches and Adresses, Boston 1856."

Ueberblicken wir hiernach kurz das ganze Leben und Streben Sumner's bis auf den heutigen Tag, so erkennen wir leicht, dass seine politische Carriere und sein politischer Charakter mit der über die Sclaverei geführten Debatte und dem dadurch heraufbeschworenen blutigen Bürgerkriege identisch geworden sind. Fest überzeugt, dass die Sclaverei der Urquell alles nationalen Wehes sei, sprach er stets und eifrig für die Emancipation als das Radikalmittel der nationalen Wiedergeburt. Und jetzt, nachdem das Blut des Krieges den Fluch der Sclaverei hinweggeschwemmt hat, ist sein ganzes Streben darauf gerichtet, den Sturz des Kastengeistes durch die Organisation des Friedens zu sichern. Sein Wille ist stark, wie seine Ueberzeugung; sein Unglück und das der guten Sache, die er vertritt, ist vielleicht nur, dass ihm in der grossen Reconstructionsperiode, in welcher sich die Union im Augenblicke befindet, und in der, wie es der Anklageprocess gegen den Präsidenten Andrew Johnson so evident erwiesen hat, politische Partheirücksichten von wesentlicher und mächtiger Bedeutung sind, die politischen Partheidifferenzen vielleicht mitunter zu rasch zu moralischen Verbrechen werden. Unwandelbar fest in seinem hoffnungsreichen Glauben an die unaufhaltbare Entwickelung und den endlichen Triumph des grossen und freien Princips der gleichen Menschenrechte, scheint er auf's Aengstlichste besorgt, durch Congressgesetze rasch Resultate zu erzielen und zu sichern, die vielleicht besser, wenn auch langsamer, durch andere höhere Gesetze realisirt würden. Trotzdem aber hat sein unablässiger Wunsch, dass das Wort der Vereinigten Staaten den emancipirten Bürgern schwarzer Raçe treu gehalten werde, und dass diejenigen, welche noch immer darnach trachten, das bestehende Regierungssystem zu stürzen, nicht ohne zuverlässige Garantieen wieder zur vollen Theilnahme an der Staatsverwaltung zugelassen werden, die ganze, herzliche Sympathie aller Derer für sich, welche die Union und nationale Ehre lieben. Unter allen Amerikanischen Staatsmännern finden wir nur Wenige von der reichen Begabung, der gründlichen Bildung und dem starken Charakteradel Sumners. Sein schriftstellerischer Stil ist schwungvoll und scholastisch. Jede seiner Reden ist eine erschöpfende Abhandlung über sein Thema. Seine Beredsamkeit ist mehr deklamatorisch, als colloquial oder rhetorisch. Die Entschiedenheit seines Stils in Schrift und Sprache kann leicht auf sein starkes persönliches Selbstbewustsein und auf die ernsten Zeiten und Ereignisse, unter denen er gelebt und gestrebt hat, zurückgeführt werden. Sein Hauptruhm wird aber für immer der sein, dass er während der Entwickelung einer furchtbaren Verschwörung gegen die Menschenrechte fest und leuchtend für die Sache der Gerechtigkeit dagestanden ist, wie ein Feuerthurm mitten im brandenden Getöse des Seesturmes. Ohne die leiseste Andeutung von Ausgleichung oder Furcht oder voreiliger Versöhnung, verkündigten seine Lippen stets die ewige Wahrheit, dass **Gerechtigkeit Recht sei** und desshalb die beste Basis der Politik! Die Schlussworte seiner vorerwähnten berühmten Rede im Senate bei Gelegenheit der Trent-Affaire: „die gleichen Rechte Aller: die grosse Garantie und die Nothwendigkeit der Gegenwart" („The Equal Rights of All: the Great Guarantee and the Present Necessity") sind das wahre Motto seiner Politik. „Und jetzt", — so schloss er diese Rede, — „indem ich mich zu dem Glauben an Freiheit und Gleichheit als das göttliche Angeburtsrecht aller Menschen bekenne, lassen Sie mich in demselben Geiste das Bekenntniss ablegen, dass, wenn dies ein Irrthum ist, so ist es ein Irrthum, den ich liebe; dass, wenn es ein Fehler ist, so ist es ein Fehler, den zu widerrufen ich mich nur schwer bequemen werde; und dass, wenn es eine Täuschung ist, so ist es eine Täuschung, die sich, — das gebe Gott! — in ihrer engelgleichen Schönheit bald über die ganze Welt verbreiten möge!"

*   *   *

Indem der Unterzeichnete hiermit die vorgehende Skizze der Oeffentlichkeit übergibt, kann er es nicht unterlassen zu bemerken, dass er die, aus seiner geringen Vertrautheit mit der Kunst und ihrer Geschichte entsprungene Mangelhaftigkeit der Arbeit wohl voraussehend, sich dennoch an sie gewagt hat: — eines Theils aus Interesse an ihrem Hauptgegenstande, der Errichtung eines Ehrensteines für den grossen Märtyrer der Freiheit, Abraham Lincoln, und aus Hochachtung für den grossen und beredten Staatsmann und feingebildeten Kenner und Förderer der Amerikanischen Kunst, Charles Sumner; sowie andern Theils aufgemuntert durch seinen verehrten Vorgesetzten, Herrn General-Consul William Walton Murphy. Möge dieser schwache Versuch auf dem Boden der Kunstgeschichte Amerikas einen kritisch und künstlerisch begabteren Freund des Landes der Freiheit veranlassen, den Stoff ausgedehnter und gründlicher zu behandeln und die flüchtige Skizze zu einer vollen Geschichte der Amerikanischen Kunst auszuarbeiten. Dass auch die neuere Zeit an transatlantischen Kunstprodukten nicht arm ist, hat erst wieder die letzte Pariser Weltausstellung zur Genüge und glänzend bewiesen. Namen wie Bierstadt, Cropsey, Elliott, Flannery, Hicks,

Huntington, Jhonson, Leutze, H. C. Pratt, Powell, Rogers, Stone, Whittridge und viele Andere haben bereits eine solche künstlerische Bedeutung erlangt, dass auch sie es wohl verdienen, von einer kritisch sicheren, kunstgeübten Feder in den Annalen der Aesthetik verzeichnet zu werden.

Eins aber, hoffe ich, hat auch meine Skizze bewiesen, — das nämlich, dass die ächte Kunst stets Hand in Hand mit der Natur geht. Der Ursprung und die Entwicklung sämmtlicher im Vorgehenden vorgeführter Künstler offenbart es, dass dieselben aus natürlicher Anlage und aus angeborener Neigung die Palette oder den Meisel in die Hand genommen haben, und dass es vorzugsweise die schönen und gewaltigen Schöpfungen der grossen freien Natur gewesen sind, die sie auf ihrer künstlerischen Laufbahn angeregt, geleitet und begeistert haben.

August Glaeser.

Anhang.

Die nachfolgende Liste der bekanntesten lebenden Amerikanischen Künstler und Künstlerinnen, von denen ein grosser Theil mit Auszeichnungen auf der letzten Pariser Weltausstellung belohnt wurde, verdankt der Verfasser hauptsächlich der zuvorkommenden Vermittlung seines Freundes, des rühmlichst bekannten Thiermalers Gustav Süs in Düsseldorf. Die in der Sumner'schen Rede citirten Künstler sind nicht wiederholt. Die den Namen der Künstler in französischer Sprache beigefügten und zwar deren in Paris ausgestellte Werke betreffenden Bemerkungen sind dem officiellen Katalog der letzten Pariser Ausstellung entnommen.

I. Maler.

Baker, G. A., New-York. Ausgezeichnet in weiblichen Köpfen.
Portrait d'enfant.   Im Besitze des Herrn A. M. Cozzens
Portrait d'une dame.   „ „ „ „ F. Prentice.

Beard, W. H., New-York,
La Danse des Ours.   „ „ „ „ Josiah Caldwell.

Bierstadt, A., New-York, früher in Düsseldorf.
Les Montagnes-Rocheuses.   „ „ „ „ James Mac Henry.

Boughton, G. H.
Crépuscule d'hiver.   „ „ „ „ R. L. Stuart.
Le Pénitent.   „ „ „ „ J. F. Kensett.

Casilear, J. W., New-York.
Les Plaines de Genessee.

Church, F. E., New-York.
Le Niagara.   Im Besitze des Herrn J. Taylor Johnston.
La Saison pluvieuse sous les Tropiques.   „ „ „ „ M. O. Roberts.

Colman, S., New-York.
Paysage.   „ „ der Alhambra.

Cropsey, J. F., New-York.
Le Mont Jefferson, New-Hampshire.   „ „ des Herrn R. M. Olyphant.
Paysage.

Dix, C. F., New-York.
Marine.

Darley, F. O. C., New-York.
Charge de Cavalerie à Fredericksburgk en Virginie.   „ „ „ „ W. F. Blodget.
Vignette de billets de Banque.

Durand, A. B., New-York.
Dans les Bois.
Un Symbole.   „ „ „ „ R. M. Olyphant.

Elliott, C. L., New-York.
Un Portrait.   „ „ „ „ Fletcher-Harper.

Fagnani.
Un Portrait.   „ „ „ „ Sir Henry Bulwer.

Ferry, gegenwärtig in Düsseldorf.
Historische Episoden.

Gifford, S. R., New-York.
Le Crépuscule sur le mont Hunter.   „ „ „ „ J. W. Pinchot.
Un Intérieur dans le désert.   „ „ „ „ M. Knoedler.

Gignoux, R., New-York.
Le Mont Washington, New-Hampshire.   „ „ „ „ A. F. Stewart.

Gray, A. P., New-York.
La Pomme de discorde.   „ „ „ „ R. M. Olyphant.
L'Orgueil du village.   „ „ „ „ W. H. Osborn.

Hart, James M., New-York.
Paysage : la Rivière Tunxis, Connecticut.

Healy, G. P. A., Chicago.
Portrait de M. le lieutenant-général Sherman.
Portrait d'une Dame.   Im Besitze des Herrn W. B. Duncan.

Homer, Winslow, New-York.
Prisonniers confédérés à l'avant.   " " " " J. Taylor Johnston.
Le Côté clair.   " " " " W. H. Hamilton.

Hubbard, R. W., New-York.
Vue des Adirondaks, prise près du mont Manofield.   " " der Frau H. B. Cromwell.
Commencement de l'Automne.   " " des Herrn H. G. Marquand.

Hunt, W. M., Boston.
Portrait.
Portrait: Abraham Lincoln.
Petit Italien.
Petit Italien.
Dinan, en Bretagne.
La Carrière.

Huntington, D., New-York.
Portrait de M. Gulian, de Verplanck.
La Cour Républicaine du temps de Washington.   " " " " A. T. Stewart.

Inness, George, Perth Amboy.
Coucher du Soleil en Amérique.   " " " " Marcus Spring.
Paysage et Animaux.

Jhonson, E., New-York.
Scène champêtre au Kentucky.   " " " " H. W. Derby.
Doux propos.   " " " " Generalmajor John A. Dix.
Le Joueur de violon.   " " " " R. L. Stuart.
Le Dimanche matin.   " " " " R. M. Hoe.
Le petit tambour blessé.   " " " "Century Club".

Kensett, J. F., New-York.
Le Lac Georges, en Automne.   " " " Herrn G. F. Olyphant.
Vues des Côtes de Newport.   " " " " G. F. Olyphant.
Une Echappée sur les Montagnes Blanches.   " " " " R. L. Stuart.
Le Matin sur les côtes du Massachusetts.   " " " " S. Gandy.

Lambdin, G. C., Philadelphia.
La Consécration, 1861. Im Besitze des Herrn George Whitney.
Le dernier Sommeil.

Langdon, Woodbury, New-York.
L'Orage.
Au Large.

Lafarge, John, Newport (Rhode-Island).
Fleurs.

Leutze, E., New-York. Früher in Düsseldorf.
Marie-Stuart entendant la messe pour la première fois à Holyrood, après son retour de France.   "   "   "   John A. Riston.

Leurs, J. S., Burlington (New-Jersey).
Le petit Pêcheur.

Lewis, Louis, gegenwärtig in Düsseldorf, Landschaftsmaler.

May, E. C., New-York.
Lady Jane Gray remettant ses tablettes au gouverneur de la Tour de Londres en allant à l'échafaud.
Léar et Cordélia. (Le Roi Léar, Acte IV, Scène 7.)
Un Portrait.

Mac Entee, J., New-York.
La Virginie en 1863.   "   "   "   Cyrus Buttler.
La Fin d'Octobre.   "   "   "   "   S. C. Evans.
L'Automne dans les bois d'Ashokan.   "   "   "   "   R. M. Hoe.

Mignot, L. R.
Les Sources de la Susquealinna.   "   "   "   "   H. W. Derby.

Moran, T., Philadelphia.
L'Automne sur la Conegaugh à Pensylvanie.   "   "   "   "   C. L. Sharpless.
Les Enfants de la Montagne.

Mosler aus Pennsylvanien, früher in Düsseldorf.

Owen, George, New-York.
Paysage de la Nouvelle Angleterre, étude d'après nature.

Pratt, H. C., Boston; Porträtmaler.

Richards, W. F., Philadelphia.
Forêt eu Juin.   Im Besitze des Herrn R. L. Stuart.
Un Jour de brouillard à Nantucket.   " " " " George Whitney.

Rümpler, J. W., New-York, gegenwärtig in Frankfurt a/M.; Porträtmaler.

Rowse, S. W., Boston.
Portrait au pastel: Emerson.
Portrait au pastel: Lowell.

Searl, Fräulein, gegenwärtig in Düsseldorf: Stillleben.

Tait, John R., früher in Düsseldorf.

Ward, J. A., New-York.

Welsch, F. C., New-York, gegenwärtig in Rom; Landschaftsmaler.

Weir, J. F., New-York.
La Fonderie de canons.   " " " " R P. Parrott.

Whistler, J. Mac Neil.
La Ville Blanche.
Wapping, ou sur la Tamise.
Le Vieux Pont de Battersea.
Un Crépuscule en mer.

White, E., New-York.
Pensées de la Sibérie.   " " R. L. Stuart.

Whittridge, W., New-York, früher in Düsseldorf, Historienmaler.
La Terre du vieux Kentucky.   " " " J. W. Pinchot.
La Côte de Rhodes-Island.   " " " " A. M. Cozzens.

Weber, Paul, Philadelphia, gegenwärtig in Darmstadt.
Bois de Bolton-Park, en Angleterre.